中国心理测试技术大事记

（1963年—2019年）

主编　武伯欣

中国人民公安大学出版社
群众出版社
·北　京·

图书在版编目（CIP）数据

中国心理测试技术大事记 / 武伯欣主编. — 北京：中国人民公安大学出版社，2019.10

ISBN 978 - 7 - 5653 - 3753 - 6

Ⅰ. ①中… Ⅱ. ①武… Ⅲ. ①犯罪心理学—心理测验—中国 Ⅳ. ①D917.2

中国版本图书馆 CIP 数据核字（2019）第190996号

中国心理测试技术大事记（1963年—2019年）

主编 武伯欣

出版发行：中国人民公安大学出版社
地　　址：北京市西城区木樨地南里
邮政编码：100038
经　　销：新华书店
印　　刷：北京市科星印刷有限责任公司

版　　次：2019 年 10 月第 1 版
印　　次：2022 年 3 月第 2 次
印　　张：15
开　　本：787 毫米 × 1092 毫米 1/16
字　　数：199千字

书　　号：ISBN 978 - 7 - 5653 - 3753 - 6
定　　价：58. 00 元

网　　址：www. qzcbs. com.
电子邮箱：qzcbs@ sohu. com

营销中心电话：010 - 83903254
读者服务部电话（门市）：010 - 83903257
警官读者俱乐部电话（网购、邮购）：010 - 83903253
公安业务分社电话：010 - 83905672

主　编　武伯欣
副主编　苏剑君　李　旻　白向前
参　编　常青山　张泽民　丁同春
　　　　　张　立　周　晖　顾红梅
　　　　　陈　浩　申智军　孙多金

目　录

回眸，为了再出发（代序）

昨日为史，知史鉴今。作为国务院学位委授权的中国人民公安大学、甘肃政法学院犯罪心理测试技术导师组长和1996年公安部全国公安科技先进个人；作为公安大学心理测试中心原主任和教学、科研、应用办案带头人，我有义务和责任，带领同事、学生，写好第一部《中国心理测试技术大事记》。

迄今，人的心理不能自动检测。这部书，是我师承前辈，带领同事、学生，记录中国研制适用心理测试仪的坎坷；记录研创中国检测心理痕迹理论（PMD）和认知综合法（CCT）的历程；记录摒弃外国“准绳测谎法＋自动测谎仪”的经历；记录根植华语民情测中国案和“准绳测谎法”造成冤错案概况；记录实践确立“适用华语民情”为中国心测技术客观标准的过程。

任何技术，都要在实践中检验。心理测试，首要是适用华语民情。我，首先揭露了“测谎”危害并摒弃它；首先在中国人民公安大学创建犯罪心理测试技术学科；首先获国家学位委授权培养心测技术研究生；首先研创适用汉语的心测理论方法；首先指出心测人员需根植华语民情，心测仪需适用中国办案等。

心理测试，起步不容易。心测技术，首先需弄清基础理论。心理实验表明，人心可测。人的心理痕迹内外表征，是心理内容附着物。外国“准绳测谎法、自动测谎仪”，严重背离心理学基础理论。外源“测谎术”的错误：一是将心理生理反映，简单归为“生理反应”；二是将言语问答反映，机械释为“说谎反应”；三是将心理生理反映变异，统统归因“恐惧情绪”；四是将人复杂的心理生理反映，草率进行“自动分析评分”等。

师承影响人生。1978 年我考进东北师大，师承杨清、郭占基、金志成等教授。1985 年我得遇刘文等政法前辈指导，学会了理论联系实际，教学在课堂，还在侦审一线。1996 年我获“北京优秀教师”和“全国公安科技先进个人称号”。2005 年我离死亡只差半步，卢实春等肝移植专家和师生、同学给了我新生命。人若有来世，我还做华语民情心理测试应用，它使我收获了丰富的人生经历。数十年，我教导培养众多好学生，实践主测 1596 个疑难案件，赢得社会普遍赞誉。所得成绩，归功于实验心理学等多学科的科学应用！

回眸，为了再出发。入行心理学 40 余年，我穷尽毕生所学执着于实验检测心理活动，坚信认知综合法最为科学。我秉笔立言，使自己处在研创中国心测技术前列，也招来不同观点者非议。对此我从不在意。各人自有看法，实践自有公论。搞心理测试，不可投机取巧照搬抄仿，必须依据科学持之以恒。中国心测技术起步推进，不论何时，辨识真伪科学至关重要。惟有适用华语民情，才是科学的心测仪器、心测理论、心测方法！

武伯欣

2019 年 10 月 1 日于北京木樨地

致谢：推动中国心理测试技术起步的部门

（按参与时间顺序）

1. 中国科学院心理学研究所
2. 国家航天员研究训练中心
3. 中华人民共和国公安部
4. 中国科学院自动化研究所
5. 中国人民公安大学
6. 中国政法大学
7. 国家体育总局训练中心
8. 北京体育大学
9. 济南铁路公安局
10. 深圳市南山公安分局
11. 深圳市人民警察学校
12. 中华人民共和国最高人民检察院
13. 甘肃省公安厅
14. 甘肃政法大学
15. 海南省公安厅
16. 河南省公安厅
17. 重庆警察学院
18. 北京市公安局
19. 群众出版社
20. 中国人民公安大学出版社

致谢：推动中国心理测试技术起步的领导

公安部刑侦局原局长、中国刑事科学技术协会原理事长刘文

公安部科技司原司长、中国人民公安大学原校长柳晓川

济南铁路公安局原督察长黄志强

深圳市人民警察学校原校长崔占君

甘肃政法学院原党委书记兼校长王肃元

致谢：促进中国心理测试技术起步的人士

孙中国	李忠信	孙　铣	郑建荣
任士英	王克峰	王新民	李东海
罗大华	马　皑	张祖丰	关世伟
周水清	徐文海	王　补	林战胜
杨道金	张泽民	贾国勇	亚　静
汪伊红	王　哲	严中洪	蔡　雷
薛宏伟	宋体良	孟志刚	马长山
张宇华	赵志军	胡新全	杨持光
刘　杰	间心田	裴　相	刘利明
薛立深	干永安	夏邦祥	李宾卓
黄永诚	洪天明	王克勤	李大鹏
杜丙恒	陈　继	连　昊	吕振杰
陆洪涛	徐玉明	邵　昆	……

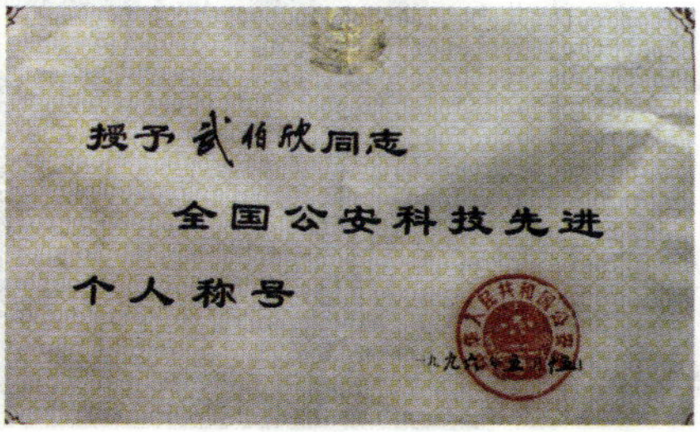

1996 年 5 月，公安部授予武伯欣“全国公安科技先进个人称号”

致谢：促进心理测试科学普及的媒体、记者

1. 中央电视台《发现之旅》	曾建川　李玉强
2. 中央电视台《新闻调查》	长　江　董　倩　王剑峰
3. 中央电视台《新闻 30 分》	黄　刚　曾晓蕾　张　韵
4. 中央电视台《新闻会客厅》	白岩松
5. 中央电视台《实话实说》	崔永元　和　晶
6. 人民公安报	张泽民　庄会宁
7. 法制日报	周　斌
8. 法制晚报	洪　雪
9. 家庭医生	谢　晓
10. 京华时报	张润东
11. 新世纪周刊	王巧玲　蒋天高
12.《三联生活周刊》	王鸿谅
13.《法律与生活》	李秀平
14.《科技博览》	张　弛
15.《旅伴》	李秀平　吴　旋
16. 中国警察网	刘书新
17.《兰州晚报》	路　生　王巧灵
18.《南方人物周刊》	王双兴
19.《新京报》	是兆新

20. 凤凰卫视、东方卫视、北京卫视、河北卫视、江西卫视、湖南卫视、海南卫视……

一、自主研创：华语民情五十六年

（1963年—2019年）

1921年，美国警方首次用心理测试仪“测谎”。当时中国社会，“五四运动”涌起科学、民主、爱国浪潮。1921年，中国心理学会成立。然而，军阀混战、外敌入侵、民不聊生、内战连年。1949年，中华人民共和国成立，社会革故鼎新。心理科学技术，适逢新生。

1. 1963年，中国科学院心理学研究所接上级指示，秘密研制中国自己的心理测验器（俗称“测谎仪”）。当时心测仪主研人曹平等人已开始设计研制，后因社会出现动乱，中国首次心理测试仪研制夭折。

1963年的曹平

2002年的曹平

2. 1977年，中国科学院心理研究所恢复心理学研究工作。曹平教授，调到国家航天员训练中心工作。之后，中国自主设计航天员专用心理测试仪，皮肤电、呼吸波、脉搏波传感器等配套装备研制成功。

3. 1977 年，中国恢复高考，武伯欣考进东北师范大学心理专业，师从杨清、郭占基、车文博、金志成、王国新等教授，攻读实验心理与普通心理。

杨清教授

金志成教授

1978 年武伯欣和同学

美国早期的心测仪

4. 1982 年，刘文率团到日本考察刑事技术，亲身体验“测谎仪”，认为有科学性，为心理测试正名。1983 年国际刑事设备展销会，刘文引进美国 MARK-II 型言语声波分析仪，交王补、林战胜试用。

5. 1983 年，著名认知心理学家，诺贝尔奖得主 H · 西蒙教授来华讲学。武伯欣到北京大学旁听课程。

6. 1985 年，中国人民公安大学举办全国第一期心理学研习班。讲解现代心理学和美国“测谎”应用。

7. 1990 年，公安部科技司立项，研制中国的心理测试仪。1991 年公安部首席专家曹平主持 PGI 心理测试仪审定会，主研人张祖丰、陆敏、关世伟。1991 年 9 月，公安大学购入第一台 PGI 心理测试仪。

8. 1992 年 3 月，公安大学公安学研究所心理测试中心成立。

（1）时任山西乡宁县公安局长郑中午，邀公安大学武伯欣等研测抛尸案件，协助案审和判决。

郑中午

武伯欣

（2）山东昌邑县公安局，邀徐文海、张祖丰用心理测试仪研测疑难杀人案，使案件顺利侦破。

9. 1993 年，武伯欣、张祖丰在北京大兴区等地，用“准绳测谎法”办案出现“假阴性”“假阳性”失误。

10. 1994 年，济南铁路公安局购入四台 PGA 型心测仪，局刑侦、济南、青岛、徐州各一台，铁警心测开先河。

11. 1995 年，中国人民公安大学研究生部首次安排武伯欣主讲《犯罪心理测试技术理论与实践》课程。

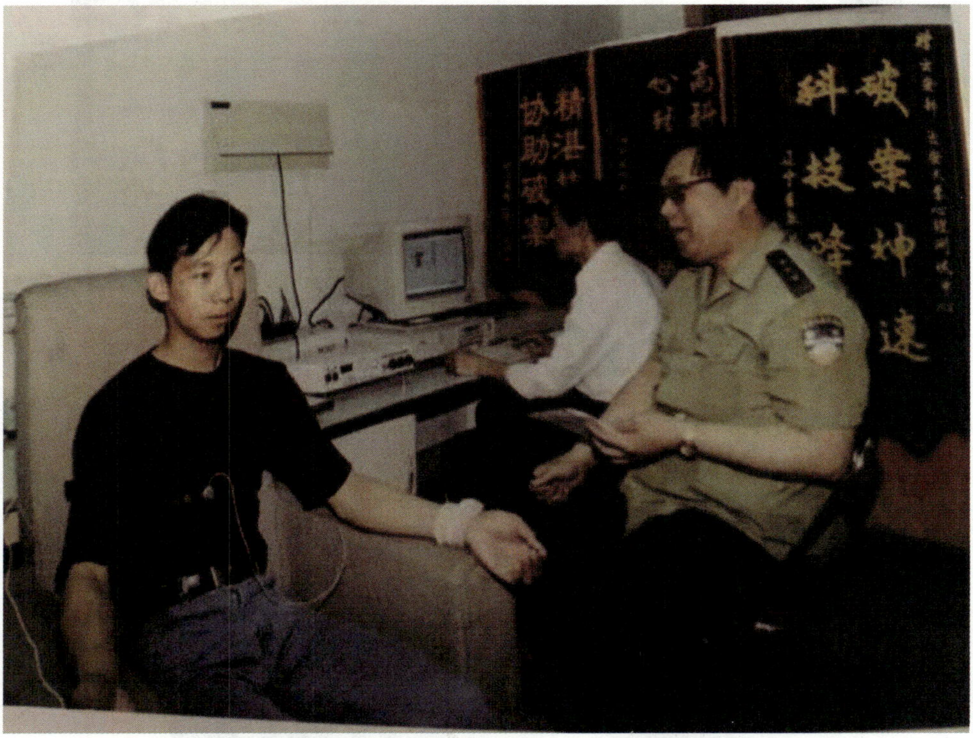

云汉、田新华、武伯欣（从左至右）

深圳冯海东（左一）、武伯欣、陈浩（右一）

12. 1995 年，国家外专局批准，公安大学邀请美国心理测试学会 F·豪沃兹等来华交流。公安大学心理测试中心和济铁公安局专家参加，王大伟任翻译。

前排右起：苏剑君、张祖丰、武伯欣、徐秀义、李世棣

苏剑君、F·豪沃斯

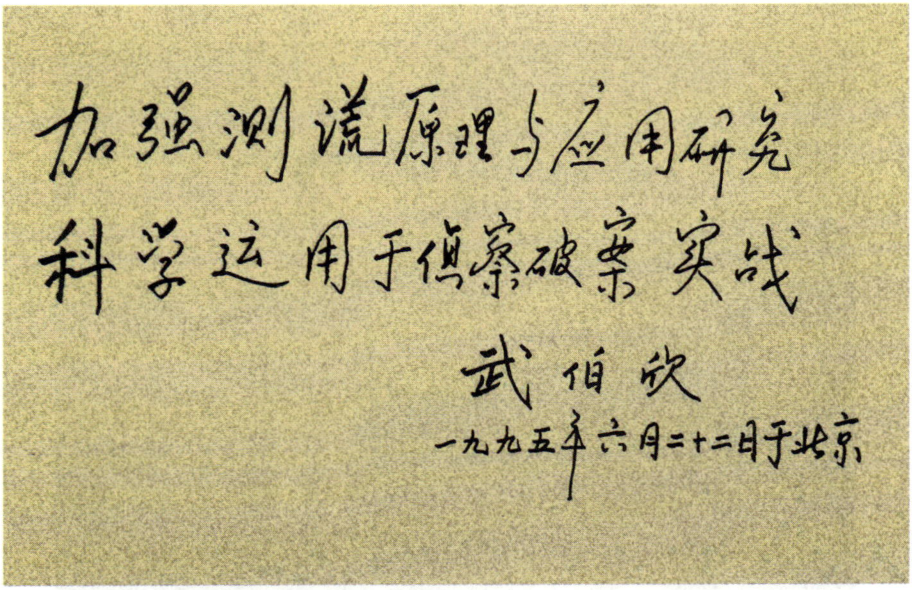

1995 年中美心测技术研讨会后，武伯欣给苏剑君的题记

13. 1997 年，公安部第四研究所戴宜生、武伯欣应邀访问美国。部校拨专款装修全国第一个标准心测室。

14. 1998 年，国务院学位委批准中国人民公安大学设立犯罪心测技术硕士点。武伯欣为导师组长，王克峰、张祖丰、苏剑君、常青山、丁同春等为成员，武伯欣等招录第一个心测技术硕士研究生。

在公安大学心理测试室，田新华、是兆新等做模拟实验

15. 1998 年，应海南省公安厅邀请，中美心测专家在海口举办刑侦审讯与犯罪心测技术第八期讲习班。

苏剑君、武伯欣

16. 1999 年，中国人民公安大学济南铁路公安局犯罪心理测试技术分中心成立。应河南省厅刑侦处邀请，武伯欣、张祖丰主讲心测技术第九期讲习班。

17. 2000 年，刘文理事长题词“心理测试技术”，鞭策公安大学心理测试中心和公大济铁犯罪心测分中心工作。杨道金、张泽民、贾国勇、亚静采访心测办案写作的《中国刑侦测谎大揭秘》《测出的不仅是心跳》《无处躲藏》等书出版发行。

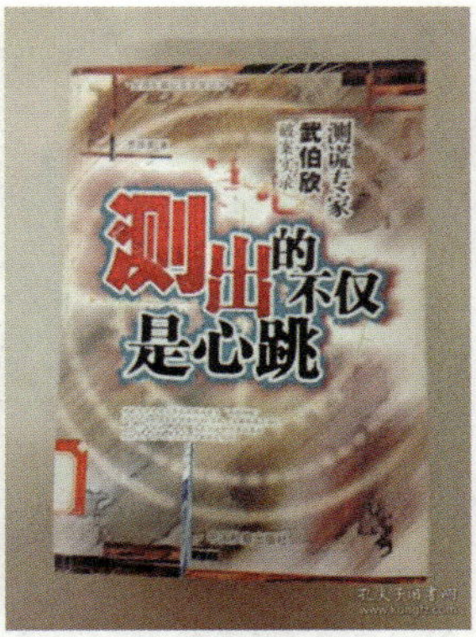

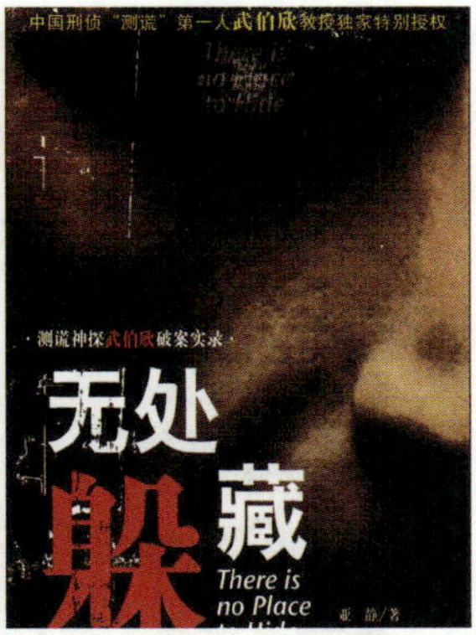

黄志强、武伯欣

18. 2000 年，国家外专局批准，公安大学邀请美国心理测试实战专家拉尔夫和安托尼来华。

北京公安局侦查、心测专家常青山（左一）；中国第一个心理测试技术研究生郑红丽（左二）；美国心测专家拉尔夫和安托尼（左三、左四）

19. 2000 年，河北省衡水市刑警支队李明玉、刘兵，参加中美心测技术研讨会，至今心测办案水平高。

武伯欣、李明玉

武伯欣、刘兵

20. 2000 年，少数政法公务员与厂商合伙抄仿“准绳法、激励法、自动测谎仪”，导致云南杜培武、浙江张高平、安徽于英生、福建念斌等冤错案频出。

21. 2001 年，中央电视台《新闻调查》《实话实说》等栏目报道公安大学心理测试教研、办案。中国刑科协理事长刘文接受《新闻调查》记者长江的专访。

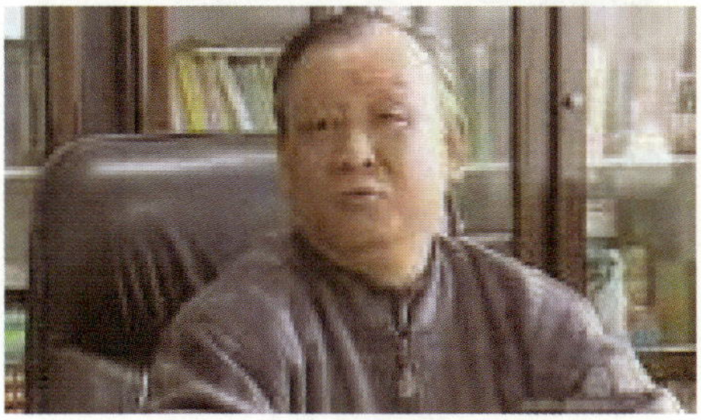

刘文理事长

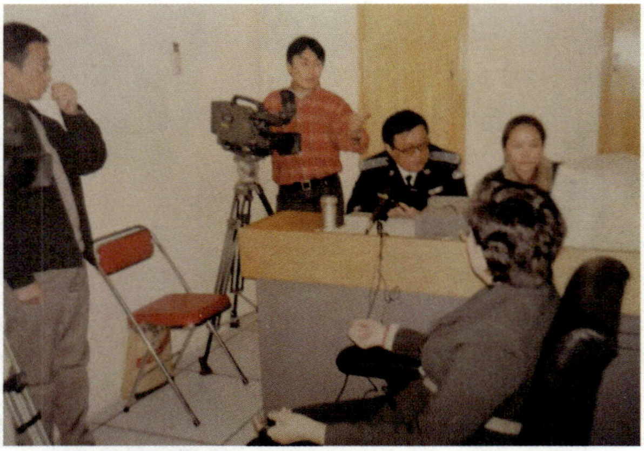

央视《新闻调查》采访

《东方视点》采访

央视主持人（左一）、武伯欣、研究生顾红梅（右一）

22. 2002 年，时任深圳警校校长崔占君，支持研创适用中国的心测仪、心测理论方法。CPS 心理测试仪研制成功。深圳警校举办心测技术应用研修班。

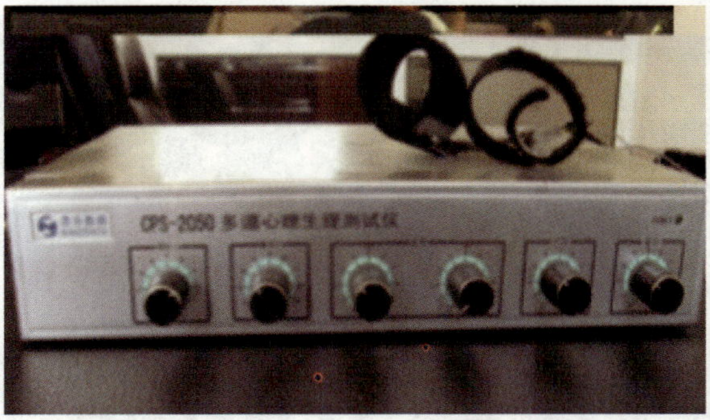

CPS 心理测试仪（主研人严中洪、蔡雷等）

23. 2003 年，中国刑科协年会在广州召开。武伯欣、丁同春就公安大学心理测试产学研用起步作大会发言。武伯欣、张泽民等著心测技术教材出版。

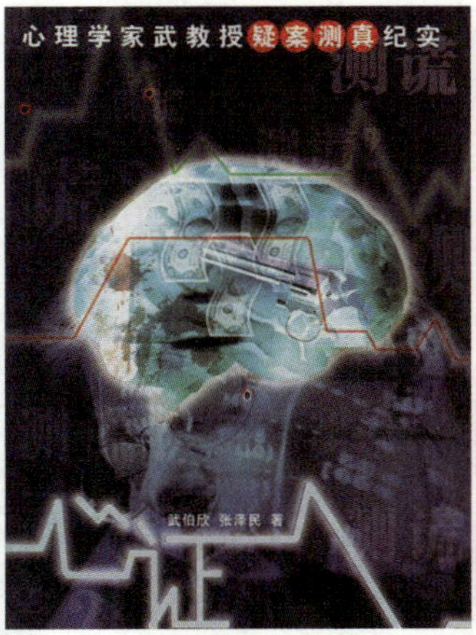

2003 年版

2005 年版

24. 2004 年 7 月，中国刑事科学技术协会，在北京警察学院主持召开心理测试技术专业委员会成立大会。

25. 2004 年 9 月，甘肃政法学院校长王肃元，邀武伯欣在兰州主讲第一期犯罪心理测试技术高级研修班。

武伯欣、陈亮指导学员

（后排左起：范刚、周晖、翟恩波、陈华等学员）

浙江警察学院杨持光、张宇华在做心理测试模拟实验

央视记者、陈亮、武伯欣

26. 2005 年，著名肝移植专家卢实春、王孟龙主任等，在北京佑安医院中美肝移植中心为武伯欣施行全肝移植手术，在肝移植中心医护人员精心护理下康复。至今，肝移植新生命近十五年。

武伯欣、卢实春

27. 2005 年，武伯欣做了全肝移植手术。丁同春主持公安大学心理测试中心工作，带领同事、学生，砥砺奋斗前行。

张祖丰、丁同春到西藏研测银行案

丁同春带学生测案

张祖丰做心测实验

28. 2006年，国务院学位委批准在甘肃政法学院设立犯罪心测技术硕士研究生点。10月，成立犯罪心理测试技术研究中心。2008年，成立武伯欣为组长的导师组，武伯欣等开始招录心测技术研究生。

29. 2011年，甘肃政法学院犯罪心理测试技术2008级硕士毕业礼。甘肃政法学院犯罪心理测试技术导师组部分成员，与甘肃政法学院犯罪心理测试技术四名毕业硕士和八名在校研究生一起合影。

前排导师组左起：研究生处长，严军教授，于光远教授，武伯欣教授，周爱保教授，周晖教授。后排左起：徐小辉，李旻，路燕，邵婷，欧阳永飞，孔得婷，周荣，汪晴雪，尤晓琰，由健，张军宏，袁新华等犯罪心理测试技术硕士

于光远、武伯欣与心测硕士袁新华、李旻、王攀峰合影

30. 心测技术导师与 2012 级心测硕士；与 2013 级硕士生陈梦合影。

31. 2013 年，武伯欣、于光远教授应邀为陕西省检察官讲授心测技术应用课。在校硕士生欧阳永菲（左一）、由健（右一）、周荣（右二）协助教学。

2010 年版

2011 年版

32. 武伯欣等指导的心理测试技术学生王文东、张立、王雷、顾红梅、白向前、张波、金京南等，既能为政法一线讲课，又能用心测仪参与侦办疑难案件。

心测专家武伯欣、王文东

张立（左一）、武伯欣、郑文艺（左二）、王雷（右二）

（河南警院张立、审讯专家郑文艺和武伯欣等看发案环境）

顾红梅（左一）、武伯欣、白向前（右一）

黑龙江连昊、武伯欣、南阳公安局马伟在贵州安顺办案

通辽张波讲课

延吉金京南讲课

33. 武伯欣等指导心测技术学生，摒弃外源“准绳测谎法、自动测谎仪”，立足华语民情研测中国疑难案件。

上图左起：甘肃省社科院王旭东、省公安厅王国建、
甘肃政法学院副校长孙秋杰、武伯欣、校科研处长沈天炜

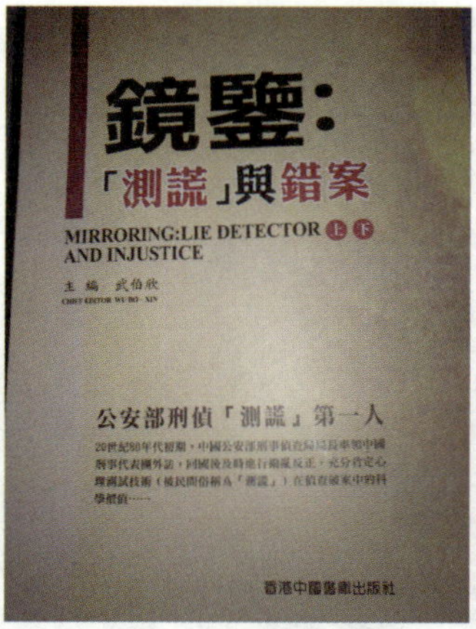

2015 年版

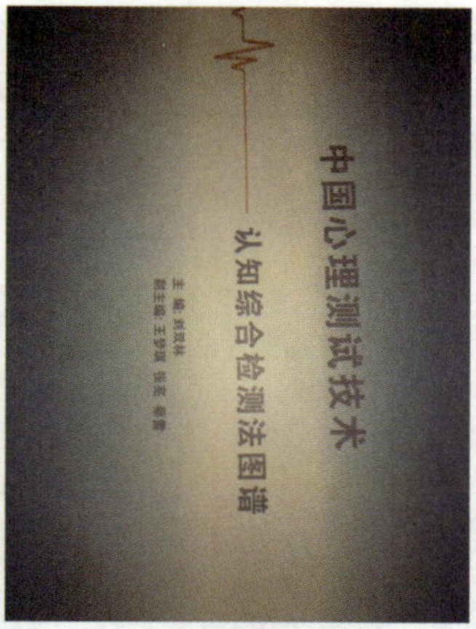

2016 年版

冯权（左一）、武伯欣、张波（右一）

霸州白向前（左二）、武伯欣、宿州张忠义（右一）

武伯欣指导师生

左起：武伯欣，心测师生王攀峰、范刚、王金铎、田涛等

河南蔡朝晖测案

武伯欣、马伟办案

武伯欣和邯郸市局牛丛书到安徽宿州，与张忠义等刑警研测
讨论心理测试过程中自变量、因变量、无关变量等

新疆警察学院心理学副教授王金风（女）等，在哈密市公安局研测疑难案件，
测前对民警做心理测试题信度、效度预检实验

武伯欣和湖南省厅李旭

王琳（左一）、武伯欣、王梦琦（右二）参与办案

2010 年，吉林延边州研测案件留影。左起：吉林省心理测试技术专家宁宝忠、任刚、武伯欣、金京南、杨军

山西平遥市刑警与武伯欣、白向前一起分析研测案件

军保系统应用心理专家高旭辰与武伯欣在广州市合影

江西卫视采访：江西省公安厅心理测试技术专家尹航

34. 2017 年，武伯欣为中央某部博士研究班讲授《人的认知》课程，结合现实工作需要学研心理技术应用。

2017 年版

2018 年版

师生课后合影

35. 2018 年，武伯欣与公安大学心理学方向、侦查讯问学方向研究生，座谈中国心测理论和心测方法。

左起：赵宏洁、田浪、汪帅格、马敏、范政、肖文翀

左起：张函、李睿、武伯欣、贾月仙、孙莹宏，
后左起：罗佳鹏、陈棒、张博、肖国庆、李坪峰、姜翔耀、王浩

36. 2013 年以来，应北京电视台、清华大学、西南大学、北京大学等院校邀请，武伯欣主讲中国心测技术应用、青少年犯罪心理、疑难案件侦审心理技术课。

2014 年武伯欣接受北京台采访

2018 年武伯欣受邀在清华大学授课

2013 年，周晖、武伯欣、于光远到西南大学讲课，
拜访著名认知心理学家、西南大学终身教授黄希庭先生

2018 年武伯欣受邀在北京大学授课

2013 年，武伯欣应邀在西南政法大学讲课与教师合影

37. 2014 年，中央司法警官学院讲课与宋胜尊、张亚凤等合影。

38. 2014 年，武伯欣应邀到中国政法大学刑事司法学院讲课。课后答疑，与微表情研究者姜振宇老师合影。

39. 2019 年春节前，中国人民公安大学犯罪学学院党委书记、院长任士英等领导到武伯欣教授家中看望。

武伯欣将近作《镜鉴："测谎" 与错案》上下册书，赠送给公安大学犯罪学学院任士英院长

40. 2019 年 4 月，杭州公安局刑警看望武伯欣教授，在家中座谈中国心理测试技术起步现状和存在问题。

后排左起：刑警姚叶青；中国人民公安大学硕士学棣、刑警杨平；
中国刑警学院学棣、法医兼刑警副大队长朱光烈

【特别致谢：武伯欣肝移植术后到深圳与老朋友、著名法医冯强合影。冯强与肝移植名医卢实春是大学同学。他们与众多师生、学友一样，为武伯欣肝移植手术成功尽心竭力】

二、心理测试：产学研用两个阶段

这是一项心理技术。它，能进入人类大脑深处，探寻隐秘至深的思维活动，辨识久远模糊的心理痕迹。当人类欲望、血腥、追逐、挣扎在人的心灵空间留下深刻烙印的瞬间，罪恶就已被注定将会在这种心理技术探测下显露原形。

中国心理测试技术（俗称“测谎”）产学研用 56 年，可分为两个阶段：一是学研、调查、储备阶段；二是仪器研制、应用起步阶段。武伯欣师承中国心理学、公安学前辈，带领同事、学生亲历两大阶段。现将两大阶段详述，供参考。

（一）学研、调查、储备阶段

——心理学是舶来品。迄今，心理学进入中国一百余年，可谓命运多舛。国民党主政时期，有使用“美国测谎仪”的记载，有相关译文文章。1949 年中华人民共和国成立，社会革故鼎新。1963 年，中科院心理学所立项研制心理测试仪，不幸夭折。1977 年中国恢复高考，大学和中科院心理所，恢复心理学教学科研，重印外国“测谎”等相关文论。

——心理测试，必须有适用中国人的心测仪器。1963 年，中国科学院心理学研究所曹平等接上级指示，秘密研制中国的心理测试仪。突遇“文革”动乱，研制夭折。曹平，多年师从前苏联著名心理学家鲁利亚，1962 年回国到中科院心理所。1975 年，调国家航天员心理训练中心任总工（少将）。

——心理测试，必须有根植华语民情的心测人才。1958 年起，武伯欣在北京小学、北京第三十一中学读书，受过正规中小学教育。1967 年，初中毕业。下乡经年积淀，农场任教自学。1977 年恢复高考，进东北师大心理专业本硕七年。学士论文《个体心理发生差异研究》，硕士论文《认知基础差异对寓言理解、表述、传递的影响》。杨清、郭占基、金志成等教授指导，潜心攻读实验心理与普通心理学位。

——1978 年，中国大陆公、检、法、司、安全、军保部门拨乱反正，刑事技术人员归队重建。公安部刑技专家刘文，最先反思“测谎仪”。1982年，刘文率刑事技术考察团访日，亲身体验心理测试仪（俗称“测谎仪”），认识到“心理测试是科学的”。刘文是中国政法心理测试的开拓者，为心理测试仪应用于办案，解放了思想，排除了人为羁绊。

——1983年9月，刘文引进一套美国MARK-II型言语声波分析仪（“测谎仪”）。之后，将仪器交给北京市公安局王补、林战胜试用。因抄仿美国“准绳测谎法”，试用频频出错。仪器附有Feldman美国《测谎手册》，由庄家婴、王补等人译出。美国“准绳测谎法”，从此被译介进中国大陆。

——1990年，公安部科技司正式立项，研制中国自己的心理测试仪。1991年，公安部审定会首席专家曹平，主持中国PGI型心理测试仪审定。曹平和与会专家决定将此类仪器命名为心理测试仪。中国PGI型心测仪主研人是张祖丰、陆敏、关世伟。仪器研制过程中，在国家体育总局训练中心、中国人民公安大学、中国政法大学、中国体育大学等单位做压力试验，采集不同年龄中国人的心理、生理指标数据。

——1978年起，中国的犯罪学研究在张黎群、郭翔等前辈引领下创始。中国的犯罪心理学研究在罗大华等前辈引领下创始。1979年，武伯欣到吉林省少年犯管教所、长春市精神病院做调研，发表《吉林省青少年犯罪调查报告》。1981年以后，《心理学探新》发表了武伯欣《个体心理发生问题新探》《个体心理发生的动因及其差异》论文。武伯欣认识到：中国的犯罪学、犯罪心理学研究，需要密切结合中国案例做分析；需要密切结合中国办案推进犯罪心理学的理论、方法和应用，立足华语民情是研究原则。

——东北师大心理实验室有一台美国20世纪30年代产的基拉式

多道记录仪（俗称“测谎仪”，据说长春解放时从敌军部缴获）。此仪器使众人感兴趣，也使武伯欣侧重学研美国“测谎仪”应用文论和前苏联“心理测试仪”相关资料。武伯欣在心理专业本硕连读七年，得到杨清、郭占基、车文博、金志成、王国新等心理学名师真传。

——1983 年春，导师派武伯欣到北京大学心理系，旁听世界著名认知心理学家、诺贝尔奖获得者 H・西蒙教授系列课程。此后，武伯欣到中科院心理所、北京大学、北京师范大学、中国政法大学、华东师范大学、杭州大学等院所访学；就自己的硕士学位论文《认知基础差异对寓言理解、传递、表述的影响》的实验设计请名师指导；实验设计得到荆其诚（实验心理学）、林传鼎（心理测量学）、张厚粲（认知心理学）、茅于燕（儿童心理学）、朱曼殊（心理语言学）、龚耀先（病理心理学）等中国心理学权威专家的细心指导。

——心理测试技术，不太可能播种在心理科学贫瘠的土地上。在中国，凡是一味翻译、抄仿美国《测谎手册》的人，大都没有受过心理学专业训练，也没有心理生理学基础。因此，美国《测谎手册》被翻译并内部印刷后，很快被抄仿外国“自动测谎仪”的多个厂商，印刷成“测谎员培训班”讲义。20 多年来，少数政法公务员与“自动测谎仪”厂商合伙，高价推销未经国家审定仪器给政法一线。

——美国《测谎手册》，对中国几无积极影响，但消极影响巨大。一是盲目听信者，大都是半路出家，只会照搬抄仿“准绳测谎法”，不会从心理学理论、方法和实验方面科学辨识。盲目听信者讲课又测案，将非科学“测谎”传给了更多人。二是 1997 年后，北京、上海、郑州等地出现多个抄仿推销“自动测谎仪”公司。照搬抄仿外国“测谎”者到一线办案，直接造成云南杜培武、安徽刘明河、浙江张高平叔侄、河北李久明、陕西榆林爆炸等特大冤错案。

美国《测谎手册》在中国传播，使人误信“自动测谎仪”宣传，到厂家学习“测谎”，只能囫囵吞枣。少数政法公务员，怂恿公检法一线购买“自动测谎仪”测案，一测即错，致使仪器闲置，造成一线人财物的巨大浪费。

——心理测试，必须有适用华语民情的心测理论和心测方法。心理测试基础理论，包含实验心理学、认知心理学、心理生理学、犯罪心理学、生物电子学等内容。中国心理测试在学习储备调查研究、仪器研制应用起步两个阶段中，许多人不懂心理测试基础理论，对心测仪办案毫无敬畏之心。照搬抄仿外国人，仅知“自动测谎仪”硬软件，仅知推销仪器、短训速成“测谎员办案”。合格的心测人，理应熟知心测理论方法，熟知侦办案件知识和心理分析、编题、访谈等基本功。

——国产 PGA、CPS 系列心理测试仪，是中国心测技术六大阶段技术的一部分，心测仪硬软件是科学利器。心理测试还有几大重要阶段，即心测人必须掌握的心测理论、心测方法、心测实验和心测应用基础知识技能。1991 年 6 月起，公安部许可办案使用心理测试仪。中国早期参与学习储备、调查研究者分为两种人。一种是抄仿、推销“自动测谎仪”赚钱者，照搬国外“准绳测谎法”等草率办案，毫不负责任，还有被“测谎速成班”欺骗的后来者；另一种是熟悉国内外心测理论、心测方法和心测技巧，实践完善适用华语民情的心测仪、自主研创心测理论方法和科学应用办案的人，还有根植华语民情刻苦学研、科学办案的后来者。

（二）仪器研制、应用起步阶段

——心理测试仪研制生产，必须适合国情。1990年，公安部立项，研制中国自己的心理测试仪。1991 年，张祖丰、陆敏、关世伟主研

PGI 型心测仪成功。1991 年 6 月，公安部首席专家曹平主持 PGI 型心测仪审定会，专家一致通过。公安部领导俞雷、蒋先进批示：考虑一线承受力，小批量生产使用心理测试仪。中国心测仪器研制、应用起步阶段开始。1991 年 9 月，公安大学购入第一台 PGI 型心理测试仪。

——公安部审定 PGI 型心理测试仪以后，早期进入心理测试学习储备、调查研究阶段的学研者开始出现明显分化：（1）杨某某等枉法逐利，注册成立多个公司抄仿国外“自动测谎仪”硬软件；照搬“准绳测谎法”等速成“测谎员”；滥用“自动测谎仪”草率办案，测出大量冤假错案、不结论案。（2）武伯欣等人立足华语民情，完善中国 PGA 系列心理测试仪，自主研创适合国情心理测试理论、心理检测方法和实测技巧，在审慎办案中获得全国公检法一线的普遍赞誉。

——1992 年 3 月，中国人民公安大学原校长柳晓川批准在中国人民公安大学设立全国第一个心理测试中心。任命心理学教研室主任武伯欣兼心测中心主任，在教研基础上为公检法提供服务。公安大学心理测试中心成立，标志着中国心测技术产学研用正式起步。1999 年，济南铁路公安局党委批准，设立中国人民公安大学济南铁路公安局犯罪心理测试分中心。

——1995 年，中国人民公安大学研究生部成立。武伯欣成为硕士研究生导师，为首届刑事技术研究生开设《犯罪心理测试技术理论与实践》课程。同年，聘请张祖丰为公安大学心理测试中心特邀研究员。经国务院外国专家局批准，公安大学邀请美国心测学会主席 F · 豪沃斯一行访华，与公安大学、济铁公安局等单位的中国大陆早期心测先行者交流。

——1996 年，经中国留美学者任昕博士沟通联系，公安部第四研究所邀请美国心测技术实战专家来华访问，中美两国心测技术专家首次实现互访。同年，在公安大学原校长孙中国等部校领导的支持下，在公大心理测试中心基础上，建成全国第一个标准心理测试实验室和音视频观摩室。

——1998 年 6 月，国务院学位委员会批准，授权中国人民公安大学设立全国第一个犯罪心理测试技术硕士研究生点，武伯欣任导师组组长，王克峰、张祖丰、苏剑君、常青山、丁同春为成员。1999 年，中国刑事科学技术协会刘文理事长，为中国心理测试技术起步应用欣然挥毫题词。

——1992年夏，PGI型心理测试仪首次办案成功。心测仪软硬件，需主研人结合办案不断升级完善。PGI 心理测试仪主研人张祖丰、关世伟，结合武伯欣、苏剑君等主测案件数据和实测经验，将 PGI 心测仪升级为PGA94、PGA95、PGA98、PGA99和PGA2000心理测试仪。1997 年前，中国人民公安大学心理测试中心和公安大学济铁公安局犯罪心理测试分中心，根植华语民情加强学科建设，正规培养心测人才，为中国心测仪完善和应用办案，作出了开创历史的贡献。

——1997 年前，中国心测技术人确实还不多。坚持自主研创中国心测技术应用理论方法的人有：武伯欣、苏剑君、常青山、许发勇、王大可、马长山、刘磐山、陆洪涛、冯强、陈浩、冯海东、杨持光、张宇华、干永安、夏邦祥、白向前、刘兵、李明玉、张立、马伟、李大鹏等。遵照公安部领导指示，审慎应用办案。张祖丰、关世伟结合办案完善适合国情的 PGA 心测仪；武伯欣带领同事田新华、谢呈秋、丁同春和裴相、李东、降华伟等研究生，自主研创适用华语民情的检测心理痕迹理论（PMD）和认知综合检测法（CCT）。

——1997 年后，参与过 PGI 心测仪工作的杨某某等背离中国自主研制心测仪技术路线，抄仿国外“自动测谎仪”硬软件，直接仿制“自动测谎仪”使用，测出了震惊中外的云南杜培武冤案、安徽刘明河冤案。受逐利动机驱使，政法公务员杨某某及其后学者，违法开办

"测谎仪公司"；媒体刊登"侦查员眼睛"和"测谎仪"广告；助推未经国家认证多型号"自动测谎仪"泛滥。少数人一心仿造"自动测谎仪"赚钱，一直办"测谎员短训速成班"，一直使用未经国家审定认证的"自动测谎仪"办案，造成诸多冤假错案。

——1998 年 6 月，经国务院学位委员会批准，中国人民公安大学设立全国第一个犯罪心理测试技术（俗称"测谎"）硕士研究生点。武伯欣等制定中国第一个犯罪心理测试技术研究生学科培养方案，建立学历培养心测员课程体系。中国人民公安大学心理测试中心和济铁公安局犯罪心测分中心，在 1985 年第一期公安心理学讲习班基础上，参照心测研究生学历课程，在北京、大连、烟台、佛山、海口、郑州等地举办心理测试讲习班。到 2003 年，共举办 12 期心测技术讲习班，为科学传播中国心测技术作出了积极贡献。

——1995 年后，公安部授予武伯欣"全国公安科技先进个人称号"，国家五部委授予武伯欣"科技成果三等奖"。公安大学研究生部在王新民主任领导下，研究生教育长足发展。武伯欣任研究生导师，开设《犯罪心理测试技术理论与实践》课程。同时，为公安大学军保系和进修部讲授犯罪心测技术课。每年都有政法部门委托武伯欣研测案件。侦查、刑技、刑法研究生裴相、陈浩、李东、降华伟、杨平、郇习顶、崔家国、连昊、周晖、刘杰等人和贵州警院许新荣、四川警院陈明高、云南警院张鸿等进修教师，与武伯欣一起外出测案。

——1999 年 9 月，武伯欣首次招录中国犯罪心理测试技术方向研究生郑红丽正式入学。作为中国心理测试技术带头人，自 1978 年入行心理学，坚定实验心理语言学《认知基础差异对寓言理解、传递、表述的影响》学位论文研究方向，坚定毕生致力于心理学教研、应用普及大方向。1995 年，摒弃"测谎"并推出自主研创"检测心理痕迹理论（PMD）"和适用华语民情"认知综合检测法（CCT）"。其内源动力在于自己是公安大学教授，知晓政法部门办案实际；还在于自己经年积淀的实验心理学、公安学等多学科知识。

——心理测试办案，必须法治第一、生命至上、对案件终身负责。心测技术教学、科研和应用办案，不是“猜数字游戏”或偷装摄像头“测谎”；也不是“模板编题”和“自动软件评分”；更不是“测后不结论”“说谎率”等。中国心测技术仪器研制、应用起步阶段，公安大学心理测试中心和济铁公安局犯罪心测分中心，立足国情推进教研和心测仪器完善，“杀出了”一条自主研创中国心测理论方法的路。

——2005 年前，公安大学心测技术导师组以及深圳警察学校培养的公、检、法、司、军保、国安部门心测技术骨干有：周建设、张军、王大可、许发勇、延文福、翟昌立、李月元、林杰、薛立深、裴相、间心田、王文东、申智军、马长山、陆洪涛、刘磐山、陈华、范明显、刘娜、赵志军、胡新全、张宇华、陈浩、冯海东、刘利明、白向前、李明玉、刘兵、张立、马伟、张波、冯权、姚春天、黄永诚、洪天明、夏邦祥、干永安、王克勤、许新荣、陈艳、陈继、李大鹏、杜玉莲、薛宏伟、宋体良、尹航、吴秋枚、张蓓等。

——2002 年，甘肃政法学院校长王肃元，邀请公安大学王大中、宋浩波、武伯欣到兰州讲学。之后，王肃元特聘武伯欣担任甘肃政法学院教授。甘肃省公安厅、甘肃政法学院、甘肃警察职业学院等，请武伯欣侧重培养心理测试技术师资和骨干。武伯欣到兰州工作，与王肃元、孙秋杰、于光远、范刚、周晖、孙多金、严军等，开辟中国心测技术第二个实验基地。2006 年，国务院学位委员会批准甘肃政法学院设立犯罪心理测试技术硕士研究生点，导师组长武伯欣。

——1994 年，深圳市公安局和南山公安分局成为中国自己研制 PGA 心测仪升级完善和自主研创中国心测理论方法的实验基地，成为自主研制可调控心理测试仪的试验场。深圳南山公安分局先后购进公安部审定 PGI 型、PGA 型心测仪；率先在全国公检法一线部门应用办案并建立第一个心理测试室。1995 年，时任深圳南山公安分局刑侦领导的李平、冯维坚等，委派法医冯强、陈浩到公安大学心理测试中心，跟随武伯欣、张祖丰学研心测技术并参与办案。其间，特邀武伯欣、张祖丰到深圳市研测侦破多起疑难大案，在深圳和邻近地区，心理测试技术应用产生了良好的示范效应。1997 年以后，陈浩、冯海东已成为深圳市公安系统心理测试技术专家，受到时任广东省公安厅刑侦主管朱明健等人的赞誉。

——中国心理测试技术理论和方法，与美国“测谎理论、准绳测谎法”有本质区别。中国的心理测试仪、自主研创心测理论和心测方法，源于华语民情实验，源于中国案件实践。国外“自动测谎仪、准绳测谎法”等，来自翻译《测谎手册》和抄仿“测谎仪”。中国心理测试技术的特点在于心理痕迹分析、认知综合法编题、测前心理访谈、实操技巧、同步观察图谱评判、测后谈话讯问六大阶段。中国心测理论认为：心测图谱变由心生，表征言语心理反应差异。外国“测谎”认为：测试图谱变化，是“谎答的恐惧反应”。

——1995 年，东北师大心理专业老同学、深圳市公安局崔占君和深圳警察学校宛军，邀请武伯欣任深圳警察学校特聘教授。每年除了讲课，还为深圳警校司法鉴定中心增设心理测试项目，指导研发、试用、完善 CPS 心理生理测试仪。深圳 CPS 系列心理生理测试仪研究团队，有国家 863 项目成员严中洪教授、邹杰伦、蔡雷博士等数十名硬软件专家。他们摒弃抄仿国外“自动测谎仪”路径，坚持与公安部审定PGI、PGA系列心测仪同源技术路线。经过样本试验和办案检验，2002 年，CPS 系列心理生理测试仪正式推向市场。

——1995 年后，全国公、检、法、司、安全、军保等一线部门，先后选拔人员到公安大学、深圳警察学校接受培训，购置适用中国实战的 PGA 系列、CPS 系列心理测试仪。全国各地实战应用优良的心测技术单位有：济南铁路公安局、深圳市南山分局、珠海市公安局、海南农垦公安局、内蒙通辽市公安局、延边森林公安局、延吉市公安局、锦州凌海区公安局、霸州市公安局、衡水市公安局、邢台市公安局、邯郸市公安局、南阳市公安局、襄樊市公安局、大荔县公安局、临汾市公安局、河南警院、山西警院、山西省公安厅、江西省公安厅、浙江警院、江苏省公安厅、镇江监狱等。

——1997 年以后，一些人开办公司抄仿国外“自动测谎仪”，高价向公检法一线推销，同时还藐视科学，举办“速成测谎员班”，乱用“准绳测谎法”办案。在云南、安徽、浙江、山东、河北、陕西、北京、内蒙等地，测出震惊中外的杜培武、刘明和、张高平叔侄、虾笼少年等冤案，测出北京门头沟强奸未遂案和陕西榆林爆炸案等错案。

——2004 年以后，武伯欣曾接上级指示，“研判‘测谎’造成杜培武等冤案的原因”。武伯欣报告指出“测谎”造成中国冤错案的主因是:（1）主测人学习储备、调查研究少，实践办案综合素质差。（2）主测人迷信“自动测谎评分”“测谎信息说”“准绳测谎法”。（3）主测人无实验心理学基础，草率抄仿、滥用“自动测谎仪”。（4）主测人无视中国华语民情，严重缺乏现场勘查、痕迹物证、法医检验、犯罪心理分析等办案必需的知能。

——1993 年，南京大学高汉生教授主编《犯罪心理学》教材。武伯欣与江苏警察学院薛宏伟、陈德祥等人参加写作；商讨在中国心理学会名下成立心理测试技术专业委员会。1995 年，薛宏伟调任江苏省公安厅预审处副处长，特邀武伯欣到江苏研测多起疑难案件，薛宏伟和助手小顾参与心测过程和测后讯问，很快使几起疑难案件迎刃而解。

——1995 年后，武伯欣、苏剑君、常青山看望罗大华教授，又提及在中国心理学会名下设心测技术分会问题，罗大华教授表示支持。1998 年，武伯欣、苏剑君、常青山、丁同春等人就成立心测技术分会向中国刑科协请示汇报。刘文理事长批示：成立心测技术分会十分必要，须提上刑科协日程。1999 年，刘文理事长欣然题词“心理测试技术”。

——中国心理测试人员素质、仪器研制等现状，表明中国心理测试技术远未达到人员标准、仪器标准定型推进阶段。心测技术人理应反思学习储备、调查研究第一阶段和仪器研制、应用起步第二阶段，自己缺少哪些知识技能？ 2003 年春，中国刑科协广州年会召开。刘文理事长宣布刑科协决定成立“中国刑事科学协会心理测试技术专业委员会”。中国刑科协再次确认“心理测试技术”称谓，再次否定少数人误传的“准绳测谎法”和“多道仪测试技术”。

——刑科协广州年会上，武伯欣就中国心理测试技术应用做大会发言，丁同春就公安大学心测中心教研应用做介绍。

——2001 年后，公大心测导师组培养的第一、二届受过心理学系统训练七年的三位心测硕士郑红丽、许宏伟、赵可欣，被分配到中国政法大学、公安部反恐局、广东省公安厅。武伯欣开辟深圳警察学校、甘肃政法学院心测教研应用新基地。

——武伯欣接受时任深圳警察学校崔占君、甘肃政法学院校长王肃元特聘，心理测试教研应用工作顺利。2005 年春，著名肝移植专家卢实春、王孟龙主刀，给武伯欣施行全肝移植手术。全国公检法领导和师生好友，特别是犯罪心理学家罗大华、马皑教授，时任深圳警校校长崔占君，甘肃政法学院副校长孙秋杰等人专程到手术医院看望。当时，武伯欣招录、培养的心测技术理学硕士顾红梅、林浩毕业，被分配到北京警察学院、云南省公安厅。2005 年，杨威、张明燕、陈高翔硕士毕业，被分配到北京市公安局和南通市公安局。武伯欣在公安大学招录、指导的心理测试技术研究生工作结束。

——2004年7月，中国刑事科学技术协会心理测试技术专业委员会在北京市公安局正式挂牌。

——2003年，张泽民与武伯欣合著《心证》一书，由群众出版社出版，责任编辑孟向荣。2005年春肝移植术后，武伯欣主编，张泽民、常青山、苏剑君、裴相、郑红丽、许宏伟、赵可欣、顾红梅副主编，丁同春、范刚、林浩、宋建成、王军亭、陈浩、杨威、陈高翔、张明燕、洪天明、刘利明、张立、刘杰、黄毅、郑洪明、白向前、周晖、郇习顶、杨平、康宁等人参编的《中国犯罪心理测试技术应用教程纲要》教材，由中国人民公安大学出版社出版发行。责任编辑是汪伊红。

——2004年7月，心测专委会成立前，参与研测大量疑难案件的中国心测技术专家，除公安大学心测技术团队培养的刑技、侦查、预审等专业硕士和教师外，还有公大心测技术研习班培养的十二期学员。如济铁公安局心测技术团队，霸州市公安局白向前，衡水市公安局李明玉、刘兵，唐山市公安局康宁，河南警察学院张立，南阳市公安局周福祥、马伟，浙江警察学院杨持光、张宇华，杭州市公安局胡新全、赵志军，山西公安厅裴相、间心田，临汾市公安局王文东，山西警察学院申智军，长治中级法院范明显，大荔县公安局李大鹏、杜玉莲，咸阳市公安局李宾卓，通辽市公安局张波、冯权、姚春天，孝感市公安局夏邦祥，襄樊市公安局干永安，江苏公安厅薛宏伟、宋体良，镇江市公安局尹常建，江西公安厅尹航、江西警察学院吴秋枚，海南公安厅黄永诚、农垦公安局洪天明，深圳南山公安分局陈浩、冯海东，珠海市公安局刘利明，昌吉市公安局陈继，黑龙江警察学院连昊，延边公安局任刚、宁宝忠、金京南，辽宁公安厅马长山，阜新市公安局刘磐山，锦州市公安局陆洪涛，等等。

——适用中国人的心理测试仪经过 56 年研制，至今未获国家级认证认可，未确立国家标准及仪器定型。中国市场上可以买到的仪器主要有：中国公安部 1991 年审定心理测试仪同源的 PCA 系列、CPS 系列心理生理测试系统，还有国内外多厂家多型号抄仿“自动测谎仪”硬件和软件。

——2000 年后，在时任深圳警校崔占君校长、郑洪明主任支持下，深圳警校司法鉴定中心增设心理测试服务。深圳 CPS 型心理测试仪主研人严中洪、蔡雷、邹剑伦博士等人携带 CPS 型心测仪，跟随武伯欣在深圳、北京、河北、湖南、河南、贵州等地，参与数十起疑难案件实测，为自主研制、升级完善 CPS 系列心测仪做了大量基础研究工作。

——2002 年，武伯欣、常青山、严中洪、邹剑仑等人在京征得曹平先生同意，到空军总医院高干病房探望早年研制心测仪、1991 年心测仪审定会首席专家曹平先生。随后，王肃元、孙秋杰等校领导大力支持，促成国务院学位委心理学科组通过在甘肃政法学院设立犯罪心理测试技术硕士研究生点的申请。2008 年，甘肃政法学院犯罪心理测试技术方向首次招录硕士研究生。武伯欣任导师组长，于光远、范刚、周晖、孙多金、严军任犯罪心测技术导师组成员。

——2004 年 7 月，遵照刘文理事长指示，武伯欣担任中国刑科协心理测试技术专委会名誉委员。2005 年 5 月，武伯欣做肝移植手术。术后才知：世界各地师生、同学和未曾谋面朋友，闻知此事慷慨解囊。中国刑科协刘文理事长派人问候，中国心理学会法律心理专业委员会，深圳警察学校、甘肃政法学院、公安大学都有朋友到医院看望。术后，武伯欣带领同事、学生，仍抓紧时间整理出版书稿、讲课稿；更侧重剖析“美国准绳测谎法、自动测谎仪”在全国各地导致的冤错案。

——2004年以来，在甘肃政法学院王肃元、孙秋杰领导下，在校科研处、研究生部支持下，在于光远、范刚、周晖、孙多金、严军等众多师生员工帮助下，2006年成立甘肃政法学院犯罪心理测试技术研究中心；2008年甘肃政法学院犯罪心理测试技术研究生硕士点正式招生。武伯欣多年招录、培养心理测试技术研究生主要有两点体会：一是必须选拔培养有心理专业、医学专业、侦技专业的学生；二是必须带领学生深入政法一线研测办案，仅靠实验模拟肯定不行。

——2008年至今，甘肃政法学院心测技术导师组，连续十年招录培养心测硕士研究生。武伯欣共招录、指导张军宏等18名心测硕士。2013年后，受于光远教授委托，武伯欣多次带陈梦、王红娟外出办案。近十年，武伯欣与公安大学、甘肃政法学院师生密切合作，先后编写《中国心理测试技术实践与理论》《心理·内宇宙》《镜鉴："测谎"与错案》《中国心理测试技术·认知综合检测法图谱》《心理检测技术概论》《心理病·案》等著作。公安大学出版社为中国心测技术系列书籍出版作出卓越贡献。

——自1978年武伯欣入行心理学起，连续性、确定性、统计性、可重复性等科学理念，早已深植在骨子里。任何想从事心理测试工作的人，不论在中国还是在美国，都必须符合国家认证认可标准。鉴于中国尚无心测员国家标准，理应参照美国公开的"测谎员"标准：（1）必须具备大学相关专业学士学位；（2）专门学校进行6～12个月培训学习；（3）学习课程包括心理学、生理学等学科，以及心测仪科学基础；（4）学员在校学训合格，必须陪伴检测一定数量案件；（5）上述四条合格者，才有资格对案件进行"实习测谎"。

——立志以心理测试技术为业者，唯有醒悟、顿悟、彻悟，及时回归心理科学大道，唯有正规培养心测员，唯有心测办案标准化，唯有法庭采信心测结论，才符合依法治国和心测科学大势。我们认为，凡事功成不在开头，而在攀爬登顶时。“测谎说、准绳测谎法、自动测谎仪”及“测谎结论”，至今并未获得美国联邦法院认可，也不被采纳为法庭证据。作为中国心测技术亲历者，知晓第一阶段者很少，背景动机路径选择不一。但第二阶段，心测圈人数增多，目前除少量刻苦学研心理测试并倾心科学办案的人外，被某些“测谎专家”裹挟进心测圈的善良后学者，都应独立观察、冷静思考，千万别再被披着“测谎专家”外衣的人所迷惑！

三、理论方法：适用中国办案实践

中国心理测试技术起步，不能走抄仿外国“测谎”路，不能跟在外国人屁股后面跑。研创适用华语民情和办案需求的心理测试仪、心理测试理论和心理测试方法，非得搞清楚基础理论问题不可，非得把不科学或混乱的东西搞清楚不可。从一定意义说，心理测试基础理论问题研究，正是中国心理测试技术能否健康起步和推进发展的生命线。

“测谎技术”的原理与应用

武伯欣　田新华

随着现代科学技术的发展，“测谎”作为侦查审讯嫌疑人的一种辅助手段，已被部分国家及地区采用。近些年来，中国在这一领域也开始教学、科研和应用。政法实际工作部门，对此表现出了极大兴趣，希望将这一新技术尽快应用于办案之中。因此，全面了解和认识这一技术十分必要。

一、“测谎技术”的发展与现状

所谓“测谎技术”，是以“测谎仪”出现和使用为标志。“用仪器测说谎”，据记载源于十九世纪末。1875 年，意大利生理学家摩索（Mosso）设计肌功描记器和血管容积描记器，用以记录人在恐惧时肌肉收缩和血容量变化。1907 年，美国的马斯滕·拜努西（Marston Benussi）运用血压测定和呼吸测定作为“测谎”的方法。这些都是现代“测谎技术”的前身，大多只是测量人某一项生理指标。多道心理生理记录仪，是 1921 年美国加州伯克利市警察局研制的一种性能较好的“测谎仪”，可以同步测量人体多项指标。

伴随“测谎仪”的应用，世界上始终对“测谎”存在两种对立的观点，即以美国为首的赞同观点和以前苏联为首的反对观点。直到今天，世人对“测谎”仍持有不同看法，即使在美国也存在相当多的批评和谴责。但随着这一技术的发展，事实上还是逐步被越来越多的人所接受，特别是在发达国家，已经得到较广泛推广和应用，不仅警察部门用于审讯罪犯，就连公司招收职员，要害部门审查机要人员等也常常采用这一技术。据美国“测谎协会”资料，“测谎准确率可达98%”，美国已有30多个州法院规定，“测谎结果”可作为法庭证据使用。例如被指控人若能够通过“测谎”实验，证明无辜，指控就要中止。这无疑承认了“测谎结果”的可靠性。美国为了加强测谎技术的开发和应用，还成立了全国性的“测谎协会”，并已有专门的“测谎”学术刊物。

中国对“测谎技术”，多年来一直持否定态度。过去在文艺作品中，都是作为荒谬和唯心的东西来表现并加以嘲笑讽刺。但改革开放以来，我国公安部门对其已重新认识。1982年组团去日本考察了这一技术，1983年引进一台美制MARK-II型言语声波仪用于“测谎”研究。初步结论是“测谎有一定科学根据，可作为侦查预审工作一项辅助手段”。因此，公安部于1990年正式立项开展研究。依靠自己力量，经过近一年努力，研制出了国产第一台PGI型心理测试仪。为了培训人员，公安部近年举办了心理测试仪培训班，还邀请美国“测谎”专家来华讲学。可以说，中国的心理测试教学研究和应用办案已经开始起步。

二、“测谎仪”工作原理

“测谎仪”，事实上并不能直接反映出被测人说的是真话还是假话，只是显示被测人答题时的心理生理变化参数。主测人根据仪器反映出的被测人心理生理参数，分析评判被测人情绪反应变化，进一步推断被测人说的是否属实。心理学研究认为，人的情绪变化可引起行为和生理的变化。例如，罪犯说谎时表现出坐立不安、语无伦次等，可以观察到反映情绪变化的外显行为。再如，人都有这种经验，即当某种原因造成情绪紧张时，心跳会加快，手心会出汗，这是因情绪变化而引起的生理反应。人的情绪反应和心理压力引起的生理指标异常，主要表现在以下几方面。

呼吸系统：人的呼吸速率和呼吸容量异常。为了应付外来刺激，呼吸加快，需氧量增加。循环系统：人的心脏跳动加快，血压升高，血液中的化学成分发生变化。皮肤：人的体温微升，手心出汗，皮肤电位发生变化。消化系统：人的胃收缩，消化分泌物异常。内脏：人的肝脏释放更多糖进入血液，脾脏送出更多血液。肾上腺：释放更多肾上腺素进入血液，导致情绪波动的增加和持久。肌肉：人体肌肉发生异常的颤抖。眼睛：人的眼睛的瞳孔放大等。

以上这些方面变化，大都是无法直接观察到的。因此，过去判断罪犯是否说谎，主要以罪犯外显行为变化为根据，如表情、举止、言语变化等。这种方法，一旦遇到老奸巨猾的惯犯就难以被识破了，因为人的外显行为可通过意识加以控制。为掩盖内心情绪变化，某些罪犯即使说谎，也会表现得镇静自若、对答如流。但是，即使再狡猾的罪犯也无法控制其因情绪波动所引起的心理生理变化。生理心理学研究表明，人的内脏器官的生理变化，主要受大脑植物神经系统控制，大脑植物神经系统相对独立，一般不为人的意识所调控。审讯罪犯时，若能把握罪犯心理生理的变化，就能为判断罪犯是否在说谎提供更可靠依据。其实，人类很早就已认识到这一点，中世纪就有人在没有仪器的情况下曾用计数脉搏方法来判断贵妇人是否说谎。随着生物电子学应用，首先在医学领域出现许多用于生理测量的仪器，这些仪器可以测量人体的多项生理指标。后来，心理学家将最能反映人情绪活动变化的生理测量仪器加以综合和改进，制成了 1921 年美国警方使用的“测谎仪”，这是“测谎仪”的来龙去脉。正因为美制“测谎仪”可同时测量人体多项心理生理指标，所以叫多道心理生理记录仪。中国公安部1991年通过审定的自主研制的PGI型心理测试仪，就是可以同时记录、检测人体皮肤电、呼吸、脉搏等多项心理生理反应指标。

三、“测谎”条件和一般程序

“测谎”，是一项技术性极强的工作，需要在严格实验控制条件下进行。决不能简单地认为有了“测谎仪”就可以进行“测谎”。我们所说的“测谎”一般指两个方面：一是“测谎仪”和测试环境（测试室内的设施），可通称为“硬件”部分；二是根据案情编制“测谎问题”、同步数据采集及后期对数据分析评判过程，可通称为“软件”部分。除了具备性能合格的“测谎仪”外，还应具备以下条件。

（一）符合要求的测试环境。这是最基本的测试条件，“测谎”要在专门测试室内进行，对测试室的一般要求是:（1）不受外界干扰。（2）房间不能太大。八平方米较为适合。（3）通风良好，温度适中。（4）光线适当，不可太强或太弱。（5）中等色调。总之，要求尽量减少不必要无关刺激，因为任何无关外界刺激都可能引起被试人心理生理变化，从而在“测谎仪”图谱中反映出来，并导致主测人发生错误的判断。在实施“测谎”时，一般要求至少有两位“测谎员”在场。如果被测人是女性，“测谎员”中至少一人是女性。

（二）受过专门培训、有经验的“测谎”员。“测谎”是一项专业性和技术性极强的工作，因此对“测谎员”要求是很高的。严格说，未经过专门培训的人员不准实施“测谎”。“测谎员”技术水平，直接关系到“测谎”结果准确度。

（三）充分的测前准备工作。除必要的技术准备工作外，主要是设计和编制好提问的问题。“测谎”，主要以言语问话形式进行。编制的问题是否恰当，关系到整个“测谎”的效果。这就要求，除了具备编题技能技巧外，还要对被测人案情有充分了解。无疑，这是“测谎”工作最费时、费力和技术性最强的工作。美国人的编题有系列要求和方法，最基本要求是所编制的问话句型，必须是被测人能用“是”或“不”来回答，类似于英语常用的一般疑问句，而不能是特殊疑问句。例如，可以问“你的家是在北京吗”，而不能问“你家在哪里”，要求被测人只能用“是”或“不”来回答。

具备以上条件后，才可以对被测人实施“测谎”。测试时，被测人坐在专门测试椅上，在需要测试部位戴上传感器。正式施测前，要对被测人进行必要的说明，以尽量减少被测人的心理紧张。“测谎”与一般审讯不同，时间不宜过长，一般不超过半小时。采集数据结束后，测试结果以图谱的形式记录下来。接下来的工作，是对图谱进行分析。图谱分析，是一项比较复杂的工作。尽管测试中努力排除各种外界干扰，但也难以完全排除被测人自身生理、心理所产生的干扰因素。有经验的“测谎员”能把这些干扰因素审查、筛选出来，并作出准确判断。“测谎员”根据“测谎结果”制定新调查方案，也可根据案情发展，再次进行“测谎”。

四、侦查审讯中“测谎”的辅助作用

中国的教研、实践表明，“测谎”主要有几方面作用：

1. 有助于及时澄清无辜者。对愿意合作的被测人来说，“测谎”是澄清无辜者的有效工具，一般都能见效。

2. 有助于发现犯罪线索。通过“测谎结果”可发现被测嫌疑人最怕什么，有无尚未发现的同案犯，为继续审讯、调查取证取得突破口，为拘捕暂时逃脱的同案犯提供线索。在一些证据不足的案件中，“测谎”可能有意想不到的突破；对久侦未破的疑难案件，则可能起到“起死回生”之效。

3. 可用于验证供述或证言。用“测谎”检验被告人供述和被害人陈述，以及证人的证言，有助于弄清事实真相。

4. 可以提高办案效率。“测谎”可在短时间内迅速排除无辜者，缩小侦查范围，澄清事实。这样，可以大大缩短侦查时间，节省大量人力和物力，起到事半功倍之效。

5. 有助于侦破无头案件。“测谎”时编入一定量主题外问题，发现被测人反应异常，可判断可能与悬案有关。

6. 有助于瓦解作案人的抗拒心理。对案犯“测谎”，用“测谎结果”指出案犯口供不实之处，使他露出马脚，常可起到迫使他低头认罪的作用。有时用“测谎仪”就足以使犯罪分子不敢继续抗拒。尤其是对初犯，效果较为理想。

“测谎”，是辅助案件侦查、审理的一种心理技术。

五、正确认识和运用“测谎仪”

正确认识“测谎仪”，是科学运用这项技术的前提。因此，对这项技术应一分为二，既要承认它有科学性，也要看到它的局限性，这样才能扬长避短，更好地加以使用。

从测试对象看，不是任何人都适用。例如，精神异常、情绪失控和智力低下者都不宜做测试。当然，有的情况首先要征得被测人同意才可以测试。从中国国情看，“测谎仪”只可用于罪犯或涉案嫌疑人。总之，要严格限定被测人。

从测试结果看，不能认为有百分之百可靠性。从中国目前技术水平看，应当这样认为。这是因为影响测试结果的诸多因素中，总有人无法把握的因素和条件。另外，尽管测试的心理生理参数较客观，但最终测试结果还是要由测试员主观分析判定。不同的测试员，对同一个图谱可以作出不同的解释。这样，其结果的可靠程度就必然受到测试员经验和技术水平的影响。随着“测谎仪”技术的发展，“反测谎技术”也应运而生。例如，在测试前服用 0.4 克的氨基甲酸脂（普通镇静剂）药片，就可能骗过“测谎仪”。当然，还可以用精神转移法自我调节，如紧咬舌头或后背紧抵靠椅，也可能瞒过“测谎仪”。也就是说，这种专门揭露谎言的仪器也是完全可以被欺骗的。因此，测试实验目前只能作为侦查审讯中的一种辅助手段加以利用，而不能对它的测试结果抱有不切实际的期望，更不能用来代替侦查和审讯工作。

鉴于“测谎”是一项技术性非常强的工作，以及前面所说必须具备一定的测试条件。因此，“测谎”必须严格限定在一定的范围之内。不具备条件的部门和人员，绝对不可上“测谎”项目。同时，还必须依法得到有关部门批准。在我国，“测谎”目前或一段时期尚处于探索和起步阶段，就更需要相关部门慎用，千万不可滥用，否则将产生不良后果。随着“测谎”的教研和应用，国家法律和法规也必然产生。唯此，才能保证“测谎”在中国得到健康发展。

（《公安研究》1994 年第 2 期）

中国犯罪心理测试技术与应用概览

武伯欣

中国的犯罪心理测试技术，是运用现代心理学和实验心理技术成果以及神经心理学、生物电子学等研究成果，通过国产 PGI、PGA 型心理测试仪硬件软件，同步实时记录人多项心理生理反应指标，进而评判心理痕迹对应相关度的实验心理技术。近 20 年来，中国犯罪心理测试技术已成为刑事侦查、审讯、调查活动的一种辅助手段。这项实验心理技术，是指包括经公安部审定监制的 PGI、PGA 型等心理测试仪硬件软件在内的六大阶段技术的总和称谓。这六大阶段技术主要是：犯罪心理痕迹动态分析描绘技术；犯罪心理测试编题技术；测前心理访谈技术；心理测试系统、实测操作技术；同步评图与综合评判技术；测后谈话讯问技术。

一

需要着重指出的是，以往在中国被误译误传为“测谎”、“测谎技术”或“多道仪测试技术”等，都不是科学称谓。英文“Polygraph”，正确中译文是“多道心理生理描记器”或“心理生理测试仪”，可简称“心理测试仪”。因为，这种仪器早就是情绪、记忆等人类心理生理变化研究的实验手段。自 1879 年心理学独立起，这种心理仪器就被国外心理学家用于研究人，并在研究人情绪变化过程中不断使其完善。经过一百多年发展，中国的犯罪心理测试技术，早已不是国内外非专业人员误传“Polygraph”的狭隘含义。由中国公安部审定监制的PGI、PGA型心理测试仪，自1991年6月通过审定以来，在基础实验和应用办案基础上，已发展成犯罪心理测试六大阶段技术中达到国际先进水平的心理测试系统。在七年多时间里，主研人张祖丰、关世伟对心测仪硬件、软件共作过五次大的改进、完善、升级工作。

目前，在全国28个省、市、自治区公安、检察、军队保卫等有侦查权部门安装配置了100多台（套）PGI、PGA型心理测试系统，参与测试疑难重特大案件2000多起。同时，已举办七期全国性犯罪心理测试技术应用人员培训班，培训各地技术人员500余人。从实际部门应用情况和公安大学心理测试中心直接参与全国各地200多起案件反馈情况看，犯罪心理测试技术目前已达到排除无辜准确率100%；知情相关、作案相关认定准确率98%；测后讯问案件取得突破占已办案件的80%。正如中国心理测试技术界权威人士曹平先生等人指出的：由公安部审定监制的PGI、PGA型心理测试仪，“是世界上最早实现智能计算机化的先进的心理测试仪器”。

1995年6月，美国“测谎学会”主席Frank Horvath应邀来华同公安大学心测中心进行交流，经双方介绍实验、应用和实测图谱比较，证明中国犯罪心理测试确已达到国际水平，实际应用办案确已达到领先水平。中美心测技术交流形成的共识是：尽管犯罪心理测试的心理学、生物电子学原理相似，但由于中国人与西方人在言语心理过程、语言思维习惯、民族心理特点、文化传统背景等方面存在很大差异，简单引进美国“测谎仪”或抄仿美国“多参量测试仪”，不论配备多么先进计算机，都不可能达到经大量基础实验和15类案件检验的PGI、PGA型心理测试系统的科学水平。需要强调的是，我们在数十年犯罪心理研究成果基础上开发的犯罪心理测试技术，不是一种

“技侦手段”，其应用办案效率已被各地实战案例所证明，连美国心测专家也交口称赞。

二

中国的犯罪心理测试技术，基于中国人心理测试基础实验，基于中国人心理实验研究报告，基于心理学众多学者的实验研究数据，尤其基于中国犯罪心理学研究成果的开掘。犯罪心理测试技术与其他实验心理技术一样，它必须与犯罪嫌疑人、知情人及证人等直接见面和接触。犯罪心理测试技术揭示测评的，绝不是像某些人所理解的“谎言”。俗话说，“没做亏心事，不怕鬼叫门”。这项技术是通过犯罪心理痕迹分析描绘、动态编制测试题目、测前心理访谈、实际操作测试和声像图谱评判，探查辨识被测人情绪、记忆心理痕迹相关程度，进而将无辜者和涉案人准确区分开来。

实践证明：专用 PGI、PGA 型心理测试系统的中国犯罪心理测试技术，在刑事案件侦查审讯中确实可起到事半功倍的作用。它有助于及时、准确地排除无辜者，从根本上杜绝冤假错案；有助于克服主观唯心和经验办案，根绝刑讯逼供；有助于在法定时限内节省人力、财力和物力，提高侦查审理案件的效率；有助于继续发现侦查线索，揭示犯罪过程的真相；有助于依据现场勘查及调查，揭露犯罪动机及人数等，进而瓦解犯罪人的抗拒心理；有助于侦讯疑难案件和“无头”案件，对于痕迹物证欠缺或久侦未破但嫌疑人范围较清楚案件有特殊效果；有助于深挖余罪及把握有无其他犯罪，其“测试后效”可使犯罪人彻底忏悔并主动供述事实。

七年多来，我们应用 PGI、PGA 型心理测试系统开发的犯罪心理测试技术，参与全国各地警方、检察院、部队保卫部门主持侦破的重特大疑难案件主要有：（一）1996年8月16日，对1981年7月6日发生、公安部挂号的特大杀5人积案的犯罪嫌疑人测试后认定1人，经讯问20多分钟，作案人主动供述，此案15年后用3天时间侦结。（二）内蒙古某地连续发生的2起爆炸报复案件，经传唤嫌疑人测试后认定2人，犯罪嫌疑人主动供述，此案已结案。（三）1995年1月18日，内蒙古呼和浩特市一少数民族干部家中4口人被枪杀。1996年6月，经传唤嫌疑人进行犯罪心理测试，认定一名作案人。经过数小时讯问，作案人如实供述罪行，此案已侦结。以上典型案例在中央电视台、内蒙古电视台均有实况报道。（四）1995年4月初，广东省深圳市发生台商住室保险柜被撬、损失39万元特大案件，经对嫌疑人测试，认定1人及同案犯3人，测后仅讯问5分钟，作案人即主动供述作案过程、同案犯去向并能主动退赃。（五）北京市海淀公安分局侦办的1995年8月14日女尸案，在嫌疑人被收审到期前几天，经心理测试，排除被害人的情夫作案嫌疑，认定被害人丈夫作案，测后经讯问，作案人痛哭供述实情，此案已侦结。（六）北京朝阳公安分局1995年7月办理的系列强奸杀人案，我们参与测试后，犯罪嫌疑人能主动供述多起案件犯罪事实，市局刑侦处和朝阳分局刑警、预审员一致认为"PGI、PGA型心理测试系统和中国犯罪心理测试技术，实战效果就是比引进国外的强"。（七）江苏省常州市1995年发生的抢劫轮奸案，曾在相当时间里形成了疑难案件，症结在于数个嫌疑人对抢劫的手表（物证）互相推诿，试图逃避打击。时隔半年后，经对几名嫌疑人测试，认定手表藏匿在其中一名嫌疑人处，测后只讯问10多分钟，该嫌疑人痛哭流涕，主动供出藏匿地点，刑警迅速取回，此案得以顺利判决。（八）河南省检察院1994年侦办的银行内外勾结贪污案件，在省里文检认定而公安部物证鉴定中心文检否定情况下，我们对银行内外嫌疑人做犯罪心理测试，确认已逮捕嫌疑人为无辜者，证明公安部物证鉴定中心文检鉴定结论是正确的。（九）1995 年广东省深圳市康佳集团公司发生特大诈骗案，经犯罪心理测试后，作案人主动供述出案中案——涉及数人的特大受贿案等。（十）1997 年 5 月，我们参与湖北省襄樊市刑侦支队侦办的纵火杀人案。因救火使现场物质证据痕迹遭破坏，侦查陷入困境，数月没有进展。其间，各级会诊倾向认定一名嫌疑人并将其刑拘。经过犯罪心理测试，准确地将此人排除，并在其他嫌疑人中认定了作案人和知情人，只用一天时间，破案工作获重大进展。（十一）1993 ～ 1997 年，我们先后为海军保卫部、空军保卫部、中央军委办公厅保卫部、北京军区保卫部、二炮保卫部、沈阳军区保卫部等部门提供犯罪心理测试服务 10 余次，受到部队好评。在犯罪心理测试技术开发应用实践中，我们用大量成功案例证明：中国的犯罪心理测试技术已成为我国刑事案件侦查、审讯、审理中有效辅助手段之一。经多年研制、开发、完善、升级的 PGA 型心理测试系统，经过 2000 余例重大疑难案件检验，证明其安全性、可靠性、稳定性、抗干扰性和普适性等都已跃居世界领先水平。

三

中国的犯罪心理测试技术应用开发，以国产 PGI、PGA 型心理测试系统研制和使用为标志。在我国刑事案件侦查审讯实践中（包括公安、国家安全、检察院、部队、法院等有侦查权的部门），时常遇到许多重大特大疑难案件久侦未破，或因现场勘查条件与物质痕迹缺乏，或因难以确认共同作案人，或因犯罪嫌疑人在侦讯阶段“供述”后持续翻供，或因作案动机、目的、时间难以判断，或因证人证言失真作伪等，使犯罪嫌疑人得不到及时、正确、有效的法律制裁。个别地方或部门不同程度地存在刑讯逼供情况，也容易使侦查方向偏误，或造成冤假错案，个别地方甚至出现过无辜者被关押数月乃至受到错误追究的案例。正是在这样的实战背景下，在我国大力加强民主与法制建设新的历史时期，实践已经证明并将继续证明：犯罪心理测试技术的科学开发与严谨科学的应用，可以明显提高刑事案件的侦破效率；节省办案时间并准确地排除无辜者；防止产生刑侦差错；为审查犯罪嫌疑人提供现代心理技术的科学助力。

世界发达国家早就运用心理测试技术对腐败官员（贪污、贿赂案）进行辅助调查侦办，不仅对案件查处有明显作用，而且对官员廉洁勤政也有一定警醒作用。目前，从中国现实和反腐败斗争工作要求看，需要各级领导更新观念的是：由于我国政治上需要，今后在选拔提升一定级别或重要岗位官员时，如果像世界发达国家一样使用心理测试系统进行“忠诚测试”，也是有现实必要性和可能性的。

对于案件侦查、审理中使用心理测试技术，中国主要有两种认识。一种是否定观点，即受到前苏联的不良影响；另一种是怀疑观点，即受主观唯心主义制约和缺乏科学知识造成。中国在十一届三中全会以前的 30 年中，许多人是受前苏联公开著书论点的影响，否定“测谎”的认识由来已久。但很多人不知道，前苏联悄悄动员科技力量，以苏联著名心理学家 A· P · 鲁利亚为首，隐蔽地进行“测谎”仪器和“反测谎方略”研究。1928 ～ 1978 年的 50 年里，他们进行了一系列“测谎”实验，发明了“运动共轭指标”（以联想反应时间、运动反应和手指肌肉细微震颤等作为测量人情绪内隐变化指标），证明这些指标“能够揭露出人所竭力抑制的对语词的反应及继以发生的神经冲动”。运动共轭指标，在前苏联得到普遍认同并被广泛地用于人的情绪研究，被广泛用于侦查心理实验和病态心理鉴定。前苏联还长期研究“反测谎”，目的是用来培养、训练高素质的“克格勃”。

正是因为中国长时间被禁锢，加上较长时间人为贬斥心理科学和实验心理技术，甚至将心理科学仪器当作唯心的东西，加上最初发明仪器的又是外国人，故此在中国重提“测谎”或“犯罪心理测试技术”，难免引来许多怀疑之声。然而，在 1963 ～ 1966 年，中科院心理学研究所的研究员曹平等人在中国搞起自己的“测谎仪”研制，虽然夭折，但这毕竟是新中国心理测试仪器研制迈出的第一步。

在许多人怀疑这项技术科学性的 1980 ～ 1990 年期间，公安部 1982 年派出考察国外“测谎”技术的代表团，公安部刑侦局原局长刘文等作出实事求是的考察结论是：“‘测谎仪’有科学依据，可作为侦查讯问辅助手段用。”在许多人怀疑这项技术科学性的 1983 年左右，公安部刑侦局组织北京市局王补、林战胜将引进美国的 Mark—Ⅱ型言语声波分析仪用于案件试验，在应用方面积累经验和教训。在许多人怀疑这项技术科学性且美国对此技术长期对中国禁运的 1989 年以后，张祖丰、陆敏、关世伟等同志在北京体育学院、国家体委等单位实验支持下，研制成功 LZ—Ⅰ型和 LZ—Ⅱ型心理测试硬件软件，经过在中国政法大学、中国人民公安大学等单位进行大量基础实验，经公安部 1990 年立项，由张祖丰、陆敏、关世伟任主研人的 PGI 型心理测试仪于 1991 年问世，首先在世界上实现智能计算机化测试。后经在公安大学心理测试中心反复实验和实战检验，PGI 型作了五大方面技术升级完善，于 1995 年定名为 PGA 系列心理测试系统。这套心理测试系统，由公安部审定监制，由中国安防学会会员单位北京鑫恒信技术公司批量生产，由公安大学公安学研究所心理测试中心专责销售、培训和承担案件测试任务。

近几年来，国外及国内心理学家将脑电波事件相关电位（Event—related Potentials，简称 ERP），作为犯罪心理测试新的基础实验研究课题。据有关专家预测：如果能在 20 年内，加强感觉通道和实验室条件下 ERP 判定准确率研究，如果能加强 ERP 鉴定标准和基础技术指标等方面的心理生理实验研究，可望取得规律性技术指标和计算机识别分析指标等成果。但是，这些研究距离进行实际案件测试还有很大距离。此外，1995 年 6 月来公安大学进行技术交流的美国“测谎”学会主席 Frank Horvath 和美国国防部“测谎”研究中心主任 Gordon Barland 等人都指出：“犯罪案件的实测，离开具备心理学资质，离开有办案经验和水平的人，再堂而皇之的硬件测试仪器或软件测试系统都是于事无补的。”

四

综上所述，中国的犯罪心理测试技术与应用，已经在改革开放中的中国大地上起步并呈现较好的发展势头。目前需要明确的是，犯罪心理测试技术应用与任何刑事技术手段一样，也有其自身的局限性。从测试的对象看，并非所有人都适合心理测试，对心理变态者和智能低下者的测试就很容易出现失误。从测试的信度与效度看，它受很多主客观因素制约：一是犯罪心理测试技术员的政治、法律和侦技业务素质，尤其是心理学专业素质至关重要。二是犯罪心理动态分析描绘和心理测试题目编制的科学性与严谨性。三是对中国人心理测试实验阈值的掌握，对中国人的人文背景、身心状况、个性特征和言语思维规律的把握。四是实施测试时的环境、温度、色调、声音等无关因素的控制等。如果不注意这些方面主客观因素，很容易造成测试失误。因此，人们既要充分认识犯罪心理测试技术的先进性，又要以科学审慎态度进行教学科研和应用研究。绝对不可以对此项技术抱有不切实际的期望，也绝对不可以急功近利地败坏此项技术的声誉。

犯罪心理测试技术，作为世界各国刑事案件侦查、审理较普遍采用的一种心理技术，其使用是一种严肃的法律行为，必须在法律制约下进行犯罪心理测试。我们认为，在中国相当长的时间里，犯罪心理测试技术只能用于刑侦审讯工作，测试主体只能是有侦查权的公安、安全、检察、军队保卫等部门心测专家；测试客体只能是身心正常的刑事案件被告人、犯罪嫌疑人、相关证人、被害人及与刑事案件发生与结果相关的人。犯罪心理测试绝不能带有强制性，测前谈话必须征得被测人的同意。实案测试中，被测人有拒绝回答的权利，也可以始终保持沉默。此外，实际应用这项技术前，必须履行相应的报批手续和法律手续。

我们认为，中国当前急需就犯罪心理测试技术应用的审批机关和主管部门，测试仪器生产认证、销售和登记，测试技术人资格认可和正规化培训、考核等一系列重大问题作出详细规定。也急需对个别人抄仿生产专用软件和测试仪器并靠关系高价推销等行为加以禁止。唯此，才能确保中国的犯罪心理测试技术真正健康科学地推广和使用。

（《中国人民公安大学学报》1998 年第 2 期）

中国犯罪心理测试技术理论论纲

武伯欣

犯罪心理测试技术，即过去长时间被人错译、错传、错用为“测谎”的科学正确称谓。现代科学技术问题研究，应首先鉴别其基础理论概念的科学性。根据中国近二十多年犯罪心理学理论研究成果，依据近十年我们实践应用测试19种案件类型700余件疑难案件的检验结果，可以证明：中国的犯罪心理测试技术（或称犯罪心理鉴定技术）才是科学概念。而长期在我国被民间俗称的“测谎”，仅仅是某些人以讹传讹的、非科学的日常概念而已。

英文Polygraph，汉译是多道心理生理描记器或多道心理生物测试仪，简称心理生物测试仪或心理测试仪。前苏联和现今俄罗斯近几十年的确切称谓——心理生物测试仪。美国和当今世界近百个国家始终称此类仪器为“多道心理生理描记器”。实事求是地说，Polygraph仪器，只是犯罪心理测试技术人–机系统中的重要组成部分之一。

中国公安部1991年审定并通过中国自主研制的PGI、PGA型心理测试仪，迄今一直称此类设备为心理测试仪，从没叫过“测谎仪”或“多道仪”。国务院学位委员会1998年批准在中国人民公安大学心理测试中心设立全国唯一的“犯罪心理测试技术”硕士研究生点，正规化培养这方面合格高级人才。笔者认为，从事教书育人、科学研究、应用办案和著书立说的人，不应当再继续盲目照搬使用过去被人错译的“测谎”“测谎仪”概念，更不应当再轻率使用被人杜撰出的所谓“测谎技术”或“测谎学”等非科学概念。从事学术研究、教学和心理测试仪应用的人，都应当从真正科学研究的高度，及时纠正对国外“测谎”的误译误传，防止给中国社会大众和司法实践继续带来方方面面的危害。

一

犯罪心理测试技术，这种主要用于人员调查和协助侦查、审理案件的心理实验技术，是依据普通心理学、实验心理学、犯罪心理学三大学科基础和神经心理学、生物电子学、计算机应用、侦查学、物证技术学等学科知识，通过专用心理测试仪硬件和软件操作系统，实时同步记录被测人对主试言语问题提问的多项心理生物反应变化，进而评判心理痕迹对应相关度的犯罪心理鉴定技术。可以说，中国犯罪心理测试技术的应用领域和应用过程，是犯罪心理测试技术专业人员在准确把握疑难案件的客观真实的情况后，必须经过犯罪心理痕迹动态分析描绘阶段，心理测试综合法编题阶段，测前心理访谈阶段，实测操作、观察和同步评图阶段，测试综合评判阶段，测后谈话讯问阶段等六个必不可少的技术阶段，严谨、独立地以刑事技术鉴定报告的形式，协助调查、侦查、审判部门鉴别有关人员和相关事实，区分涉嫌人和无辜者的犯罪心理科学的鉴定工作，是心理测试技术员科学精神和综合素质的具体体现。

近几年，社会上出现多个公司，抄仿国外“自动测谎仪”，通过政法公务员向实战一线高价推销未经审定和疑难案件检验的设备。这些人不负责任地传播错误、过时的“检测口供真假”的“测谎假说”，具有极强的欺骗性和非法牟利的动机，多个公司人员拉拢公安政法系统个别人，私自办班、发广告、推销仪器甚至实测办案，已经在全国各地造成严重的社会危害。云南昆明杜培武冤案、安徽芜湖刘明河冤案等已被曝光的冤错案件，从一个方面说明了这些问题的严重性。

二

根据中国人民公安大学心理测试中心十余年来协助公、检、法、司、安全和保卫部门实际办理的近700起案件的测试结果，我们可以说，中国的犯罪心理测试技术在人员调查、侦查讯问和案件审理工作中，确实能起到事半功倍的作用。犯罪心理测试是一项以心理科学原理为基础理论的心理鉴定技术。同所有物证技术如指纹鉴定、血痕鉴定、笔迹鉴定、声纹鉴定、足迹鉴定结论相似，心理测试鉴定结论，也是通过科学技术手段对个体身心特征进行的同一性认定。有所不同的是，其他物证鉴定技术是对人身特征及行为活动物质痕迹的鉴定，而犯罪心理测试技术鉴定，则是对人的心理活动痕迹的鉴定。尽管形式不同，但本质是一致的。目前，心理测试是以鉴定报告方式为刑事和民事案件事实的认定提供依据。笔者认为，如果是合格的专业测试员所作出的测试结论，其实质无疑应属于科学鉴定结论范畴。

近二十年来，我们通过理论研究并结合实战应用这项技术，可以总结出它的主要作用有：(1)有助于及时、准确地排除无辜者，从调查、侦查阶段就杜绝冤假错案；(2)有助于克服主观唯心主义和经验教条主义，杜绝刑讯逼供；(3)有助于在法定时限内节省时间、人力、财力和物力，提高调查、审理案件的效率；(4)有助于发现未知的新线索，揭露犯罪前、犯罪中、犯罪后心理的真相；(5)有助于依据真实可信的调查和客观严谨的侦查，揭露犯罪因素、动机强度及同案犯人数等；(6)在疑难案件和“无头”案件的侦查中，对于痕迹物证欠缺或久侦未破但嫌疑对象较清楚的案件有特殊效果；(7)有助于深挖余罪或掌握犯罪嫌疑人有无其他犯罪经历，瓦解其抗拒心理，其“测试后效”往往使作案人和知情人主动供述或忏悔；（8）有助于对证人证言的核实和对被害人陈述的核实，以保证证据的准确无误。

三

从技术原理阐释，犯罪心理测试技术绝非像某些人所言“测度被测人口供是否说谎”，而是客观地检验被测人有无经历违法犯罪特殊事件的真实心理痕迹。俗话讲：未做亏心事，不怕鬼敲门；做了亏心事，就怕鬼敲门。心理科学研究表明：人的大脑对外界的感知信息都会留下一定的痕迹，其主要表现为心理痕迹即记忆。记忆可分为瞬间记忆、短期记忆和长期记忆三种时间层级；记忆又可分为视觉记忆、听觉记忆、情绪记忆、动作记忆等类型层次。人的记忆痕迹的深浅、久暂，主要由对个体生活、生命的意义大小和经历事件时刺激的强度、体验的深刻程度等因素决定。

对于作案人、知情人，尤其是对于实施杀人、爆炸、抢劫、贪污、贿赂、诈骗、强奸、纵火、投毒、特大盗窃、涉枪、涉毒、绑架人质、破坏铁路等严重犯罪的作案人或知情人而言，他们心理上对自己实施或目睹的犯罪行为是相当清晰的，作案人对自己实施犯罪的案前、案中、案后的经历记忆是相当久远的，有些甚至是终生难忘的。更主要的是，犯罪嫌疑人在作案之后，会不时在其脑海中复现作案过程与行为细节。出于逃避法律追究的心态，作案人或知情人在心理上对案件事实极端敏感，会极力回避“旧事重提”。

实际案件的测试表明：在犯罪心理测试技术应用相关阶段所形成的“言语唤起作用”的影响下，作案人或知情人对犯罪事实的心理痕迹，会在大脑记忆区域恢复起来，复活重现中引起被测人相关的情绪记忆、动作记忆、视觉记忆等，这种大脑记忆区的复活兴奋性变化，必然会引发邻近的情绪中枢的心理生物反应——皮电、血压、呼吸、脑电等指标变异。此时，作案人或嫌疑人的认知、情绪的心理生物反应活动，一般难以受人的主观意识调控。因此，不论被测试人是保持沉默，始终不回答问题，抑或是回答“是”或“不是”，在相同测试条件的言语唤醒作用下，作案人或知情人的心理生物指标的特异反应性变化，比起无辜者会异常显著地表现出来，会被实时同步地显示在计算机屏幕上。

近些年来，我们根据中国国情和应用实践形成的犯罪心理测试理论、认知综合测试方法、实测技巧及各类案件测试要点，在使用公安部审定 PGA 型心理测试仪条件下，可以将涉案嫌疑人与无辜者以大于 98% 的准确率区分开来。

四

中国的犯罪心理测试技术的应用研究开发，是从 1991 年公安部审定监制 PGA 型心理测试系统的研制、推广试用、逐步普及而深入展开的。中国的犯罪心理测试技术首席专家曹平及 1991 年公安部专家审定会的多位专家都曾指出：中国自主研制的 PGA 型心理测试系统是世界上公布最早的实现智能计算机化先进的犯罪心理测试专用设备。

美国的 Polygraph 学会多次派一流的专家到中国人民公安大学心理测试中心进行技术交流，经实测图谱的比较和应用办案效果对比，已经证明我们的技术理论、方法、技巧、仪器软硬件等确已处于国际先进水平，实案侦破中的应用效果也确已达到世界领先水平。

中外专家交流互访中已经形成的共识是：尽管犯罪心理测试的心

理学、生物学原理相同，但由于中国人与西方人在语言（符号）学上的客观差异，东方人与西方人在言语心理过程、语言思维习惯模式、民族心理特点、社会个体文化背景等方面存在很大的差异。因此，中国不论是自己研制、生产，或者继续完善自己的PGA型心理测试系统，都不能简单参照美国仪器或国外数据资料仿制，必须根据中国不同年龄、职业人的基础心理实验结果，根据具有外部效度的案件实测样本研究结果和有不同类型案件检验的研究数据。

中国的犯罪心理测试技术理论和实案测试应用，已经在改革开放的中国土地上生根开花。除了某些公司人员造成的混乱以外，可以说这项技术的研究与应用呈现出了较好的发展势头。需要明确的是：这项技术同任何一项物证鉴定技术一样，都有其自身的局限性和必须的条件。从主持测试人员看，并非人人都能做好心理测试工作；从被测试对象看，并非所有的人和所有的条件都适合进行心理测试。

从犯罪心理测试的信度和效度方面看，它受许多心理实验中主、客观因素的制约和局限：（1）犯罪心理测试技术人员的心理学专业素质至关重要，同时应具备物证、侦查、预审、法律、政治等业务素质。（2）犯罪心理动态分析阶段的专业性与重要性，以及依据心理分析编制题目使用综合方法的必要性。（3）主试人员对中国人犯罪心理测试阈值变异的熟练掌握，对中国人民族心理与人文背景、身心状况、个性特征和言语思维规律的掌握。（4）心理测试实质是一项心理实验，实验环境中无关变量的控制，实验过程中主试与被试间的自变量和因变量的严谨统计和观察十分重要，等等。

我们认为，实践部门若简单轻信广告，盲目购置仪器，不注重专业人才选拔培养和以上方面的主、客观因素，造成测试失误和经济损失是必然的。因此，中国公安、检察、法院、司法、安全、部队保卫等部门的相关人员，既要充分认识这项技术的科学先进性，纠正以往怀疑或否定此项技术的观点以及照搬“测谎”理论的错误做法，又要持科学求实和认真审慎的态度，密切结合中国国情进行犯罪心理测试技术基础理论、各类案件实测方法的深入研究和专用心理测试系统硬件、软件的应用开发工作。

（《中国人民公安大学学报》2003 年第 2 期）

走出“测谎理论和方法”的误区

——与武伯欣、王克峰两位教授的一次对话

张泽民

犯罪心理测试技术，也称心理测试技术，使用仪器叫“心理测试仪”(俗称“测谎仪”)。1921年，美国警方首次用“测谎仪”办案，现已被许多国家应用。中国警方1983年引进一台美国“言语声波分析仪”。公安部1991年审定中国自己的PGI型心理测试仪，1992年用于侦查办案。

近些年，媒体记者对心理测试应用颇为关注，各种成功案例屡见报端。但另一面，某些公司人和政法“测谎人”频频失误造成错案也时有曝光，并形成更为突出的社会关注热点。许多法学家纷纷撰文发表看法，有相当部分人对此技术的准确性持怀疑态度，对此技术的科学性予以诘问。

归纳起来，在这些讨论中，比较有代表性的怀疑或否定的观点如下文所述——

“测谎仪”是一种能够同步监测脉搏、呼吸、血压、皮肤电变化的仪器。有人认为，人说谎时会产生紧张与恐惧情绪，在仪器上便会出现脉搏加快、血压升高、皮肤电阻加大等变化。有的“测谎专家”认为：人说谎时的生理反应是植物神经系统的自主活动，无法掩饰和控制。对于说谎成性或心理素质好的人，“测谎仪”依然有效。然而，在科学尚不发达的古代，人们就知道撒谎者会出现紧张状态，创造出“摸驴尾巴”“嚼干米”“听心跳”等“测谎法”，而现代“测谎

仪”仍然沿用这个原理，只是仪器能实时、同步记录由这种紧张导致的细微生理变化而已。但是，那些说谎成性或心理素质好的惯犯，可以做到说谎时面不改色心不跳，完全可以骗过“测谎仪”。此外，如果无辜者的心理素质差，见到警察就发憷，表现在“测谎仪”上，肯定是血压升高、脉搏加速，心测测试结果出现错误也就难免了。诸多由“测谎”造成的冤错案，包括美国李文和案等，便是这种看法的有力佐证。“测谎仪”，确实时常将撒谎者判定为说实话，而不少说实话者反而遭到“测谎仪”的冤枉。因此，有人推断“测谎结果”的准确性最多不超过50%，平时人们猜镍币正反面，比“测谎仪”还要准确些。因“测谎”准确性不可靠，有人认为应慎用、缓用，甚至禁用此技术。

作为人民公安报记者，笔者对中国人民公安大学心理测试中心跟踪采访多年，包括参与疑难案件实测，笔者所接触的事实并不是如此，至少不完全是如此，总觉得持怀疑与否定态度的人存在着理论认识上的误区，或者是对中国心理测试技术存在误解。但笔者时常又觉得，目前对那种误译、误传的“测谎说、测谎法”所提出的诘问似乎也不无道理。

于是，笔者与武伯欣（中国人民公安大学心理测试中心主任，犯罪心理学教授）、王克峰（中国人民公安大学心理测试中心特邀研究员，法医学教授）进行了一次以心理测试为话题的比较深入的探讨，以期找到问题症结所在。

关于“测谎”的讨论沸沸扬扬

王克峰：心理测试引起公众关注，在一定意义上是件好事。科学上单科奋进时代已经过去，现代科学研究通常都表现出多学科集成走向。心理测试也是如此。它所涉及的学科十分广泛，可以说交融了自然科学、社会科学、交叉科学三大部类。如果各方面有识之士都来品头论足，从不同角度发表高见，对推动心理测试研究与应用显然大有裨益。

笔者：一些讨论文章对心理测试科学性提出了质疑，认为仪器测出的呼吸、皮电等生理指标只能说明被测人的紧张程度，而引起紧张的原因可以有多种，被测人究竟是什么原因紧张，仪器区别不了。有人对我说过，那玩意儿（指“测谎仪”）没多少科学性，我说毕竟还是能破案的，他说道理很简单，不就是靠唬嘛，拿个听诊器也能破案。

但是，我从公安大学心理测试中心了解到的情况，无论是理论基础、研究路线还是办案实践，都不同于讨论文章中所提及的内容。我认为，如今社会上人们所谈论并对之提出质疑的“测谎说、测谎法”，与武教授长期研究和应用于实践并向研究生讲授的心测理论有着根本的区别。如果是这样，那就很有必要说一说了。否则，一方面公安大学心理测试中心应用心理测试破掉许多疑难大案，得到实战部门的普遍赞誉；另一方面许多文章又对此项技术提出种种非议，弄得局外人雾里看花、不明就里——这种状况，很不利于中国人科学地认识心理测试技术。

武伯欣：确实是如此。本来，我很想就报刊上的讨论谈些看法，但一细读文章，又看出他们质疑的多是那种我一向反对的“测谎说、测谎法”，与我们的理论与实践研究不是一回事，再加上教研、办案时间十分紧张，也就迟迟没有动笔。其实，1999 年我曾在《人民公安报》上比较系统地介绍过我的理论观点，现在来看，经过这几年的实证研究，虽然有一些新的认识，但基本理论架构没有大的变化。

王克峰：在科学研究中往往会出现各种流派，这是符合客观规律的。通过各种观点的“碰撞”，互相取长补短、去伪存真，科学也就能进步。但是，目前媒体上的讨论文章看上去挺热闹，可取的观点却很少，有隔靴搔痒之感。

不能盲从美国那一套理论方法

武伯欣：社会上被人误传的所谓“测谎理论方法”，基本上都是照搬美国以行为主义心理学为基础的理论，它的致命伤在于缺乏现代心理学依据。十几年前，我也曾按美国那一套去搞，但准确率很低。于是，我就琢磨原因到底在哪儿。我发现将英文 polygraph 译为“测谎仪”是错译，正确汉译应是“多道心理生理记录仪”。这项技术，实质上不是“测谎”，而是对人心理痕迹的检测。基于这种认识，我带领同事、学生在借鉴基础上摸索出中国自己的理论、方法，包括技巧，并经受住了实战检验，到目前为止已完成近 700 起实案检测，证实按这种理论建立起来的心理测试方法符合中国国情，具有对无辜与涉案人 98%的区分准确率。实践告诉我们：对美国“测谎”那一套不能盲从，盲从肯定出错。

王克峰：我多次跟武伯欣一起办案，发现心理测试确实有独到的作用。从有关研究的角度看，我认为应该叫它“测真”或“心理探针”可能更恰当一些。经过心理测试鉴定，对作案人的犯罪心理活动过程看得非常清楚，就好比是拨开了“青纱帐”，看清了心里面到底有些啥名堂。

笔者：我在听武教授讲课时，有的学员就说，武老师讲的内容与他们过去在某些公司办速成班学的完全不一样。我就知道某地级市一位民警，他过去学的是某公司传播的“测谎理论方法”，买的就是该公司自动仪器，结果一上案子就错，也弄不清问题在哪儿。后来由于老出错儿，使他对“测谎”彻底丧失了信心，现在早就改行干别的去了。

武伯欣：某些政法公务员与公司合伙传播“测谎说、准绳法”确实害人不浅。传播者抄仿拼凑，有些提法都弄不清来自何方。例如，有人将说谎说成人的本能，而在《本能心理学》书里，根本找不到。仔细甄别，传播内容就是来源于美国J·里德“准绳测谎”那一套。J·里德在1942年提出这套理论，简单说，他认为口供中的谎言可以检测，生物指标的变化与人说谎相关，并据此建立了诱导性谎答的测试规则。J·里德使用并推广的是“准绳测谎法”，实测时被测人必须一遍答“YES”，一遍答“NO”，三遍图谱得出结论。后来，这套方法在美国司法部门似乎占主流地位。

在测试办案时，如果被测人是侦查摸准的真作案人，J·里德的方法似乎能起点儿“压力”作用，但如果侦查不是这种情况，就非常容易测出错案。J·里德说他测过不少案件，但准确率尚不清楚，有的说是百分之八十几，有的说百分之六十几，还有的说连百分之五十都不到。根据我们使用“准绳测谎法”的实验，其准确率不到百分之五十，特别是对于疑难案件，用美国J·里德那套理论和方法根本就分辨不清。

王克峰：从我们看到的报道，美国许多轰动一时的案子，如埃姆斯间谍案、汉森间谍案，他们作为情报人员，都接受过“测谎”，没发现有问题；还有李文和案，第一次“测谎”通过，第二次没通过。这些报道如果客观真实的话，说明他们所谓的“测谎”识别准确率确实很低很低。

笔者：武老师，你们所主张的中国心理测试理论，与美国“测谎理论”那一套的根本区别在哪里？

武伯欣：实质性区别就在于：J·里德那套“测谎理论”，是测评被测人口供的真假，最大问题就是：口供有可能真，也有可能假，还有可能真假混杂，但无论怎样，口供与客观证据不能划等号，即使回答了假话也有可能与此案件无关。这里确实存在许多变数无法区别。中国心理测试理论和方法，是检测被测人有无对犯罪事件的认知。心理测试以案前、案中、案后所表征出的客观心理事实为支撑，这种对心理痕迹的检测，能将涉案人与无辜者准确地区分开来。

现在上自动化为时尚早

笔者：我觉得是叫“测谎”还是叫“心理测试”，或许只是个称谓不同的问题，最重要的应该是理论和方法。

武伯欣：如果把“测谎”视为民间日常习惯俗称，确实也无所谓，但要是作为科学概念或称谓，绝对不行。按照不同层次认识所建立的不同理论与方法，获得的结果肯定也就不同。据我们多年观察，现在中国大陆传播“测谎”的多是抄仿“自动测谎仪”公司的推销员，还有政法部门少数人在搞创收。他们的主要目的是推销“自动测谎仪”，测试理论和方法是完全照搬美国J·里德的那一套，是几十年前的陈旧理论，这样抄仿当然最省事，但这就难免不办冤错案。更可笑的是，有家“测谎仪”公司曾把云南杜培武冤案、安徽刘明河冤案当作他们仪器测的成功案例，印在了公司宣传材料上。这样搞下去，哪还有什么科学性和可靠性呢？

笔者：按照你们所说的，是否只要改变一下测试理论方法，就能够提高心理测试办案的准确率呢？

武伯欣：不能简单这样说。仪器软硬件的设置与理论、方法密切相关，美国仪器表面上看似先进，但不能拿来就用，也不可照搬抄仿，必须得有预研开发试验，必须得有适合中国人心理生理特性的样本研究。这是因为：中国人和西方人，在语言、社会、文化等方面有明显不同，表现在个体心理上存在着很多差异。外源“自动测谎仪”各项参数，是按照西方人心理、生理指标设置的，直接抄仿到中国来显然不适用。而且，只有实验室模拟数据还不行，还必须考虑其外部效度如何，必须得有大量实测办案数据。

某些公司人认为“猜准数”就是试验成功而投入生产的“测谎仪”，为什么用到办案就出问题？就在于没进行外部效度检验。还有，有的公司大谈测试仪自动化，从编题到评分都交给“测谎仪”做，像“傻瓜”相机一样谁都会用。对此我认为，目前根本没有一点可能性。自动化，必须以心理、生理研究进展为基础。个体心理、生理变化，个体之间的差异都是客观存在的。这些变化、差异不研究透，没有大量样本数据，怎么能妄自夸口实现“心测仪自动化”呢？

王克峰：心理测试，事实上是一个完整的人–机系统。这与人–机工程心理学不谋而合。人的作用与仪器的作用忽略哪一方都不行。但是人的作用更为重要。还必须注意分清哪些是属于理论、方法的问题，哪些是属于实际应用的差错。取得一次成功的测试，相关因素很多，从犯罪心理分析和案情研究开始，编题审题、与被测人谈话、测试时使用语言、测后谈话、评估图谱等，哪一道环节的工作不到位或出纰缪，都可能导致满盘皆输。这里，基本上都是人在起作用。现在，有些公司急于推销“自动测谎仪”。但我认为，在没有培养出相当数量合格测试人员情况下，不宜大范围推广仪器。没有合格的心理测试人员，仪器又有什么用？！

武伯欣：美国培养人才方面要求很严格。有心理测试专门学校，学生在校要学十七八门课，还要完成一定数量实案测试，才能拿到资格证书。这些做法中国必须借鉴。

美国人也在反思

笔者：你们在前边说过，J·里德那套方法在美国国情和司法制度下似乎占据了主流地位。既然J·里德的理论、方法有问题，为什么又能形成这样的局面?

武伯欣：这个问题比较复杂。我认为是与美国的人权保护法律和司法状况有关。按照美国法律，不能强迫嫌疑人自证有罪，不能随意提问题。另外，美国传媒对案件报道有很大自由度，案件未破获，现场照片、被害人情况等都上了报纸电视。这样，心理测试方法使用就受到限制。应当注意到，J·里德的“准绳测谎法”等一般适应美国人权、司法制度，他们提问不涉及具体案情，三组问题时限最多15个。

J·里德的“准绳测谎法”在美国似乎一统天下，客观上也扼杀了心理测试研究中很多科学理论方法。如果考察这项技术的科学本源，我们就可以看得很清楚。自1879年冯特在德国莱比锡大学建立第一个心理实验室，联想主义、结构主义等早期心理学派，开始比较普遍用仪器研究情绪心理变化的生理指标、言语联想等问题，对于血压、心跳、呼吸、皮电等指标与情绪变化的关系早已有比较清楚的认识。其中，对心理测试最有意义的研究是联想反应时间，通过不同词汇刺激，以反应时间变化来判断跟某一问题的相关性。

龙布罗梭，是研究犯罪人类学的。十九世纪末，他引用实验心理学、生理心理学成果，较早把血管容积描记器用于嫌疑人试验测试。20世纪初，华生的行为主义心理学盛行。华生认为前人研究心理的东西摸不着看不见，只有外显行为是能把握的。因此心理学应该只研究人的行为，不用管大脑“黑箱”里边发生什么。华生把人的行为和动物行为放在同一平面上加以考虑，一切心理学问题可以简化为“刺激–反应”这个公式。这些观点，实际上已脱离心理学的本源，华生的理论在美国曾盛行一时。J·里德“测谎论”正是源于华生的行为主义，假定说谎可测，指标变化是说谎造成的，完全无视办案过程中主测人与被测人言语心理活动过程产生的影响。因此，他们把搞不清的心理问题一律归为本能。

但是，被华生舍弃的那些早期心理学研究有科学价值的东西并没有被人遗忘。20世纪50年代，认知心理学开始在美国兴起，随着认知心理学出现，产生了一些新的心理测试方法，其中心理学家莱克肯提出的“犯罪情节测谎法”就是以认知心理学理论为基础的，代表了建立心理测试科学理论的主流趋势。从这个历史进程看，心理测试的科学推进，始终以心理学基础理论发展为前提。像行为主义心理学避开或简单看待人的心理活动过程，只能使心理测试走入“测谎”的死胡同。近些年，美国有心理学家断言：“真正能检测谎言的仪器是不存在的。”这实际上是推翻了J·里德的理论和方法。1990年，美国国防部和联邦调查局召开的“测谎”研讨会上，已经有人指出：“我们在一个40年来变化很小的领地内工作……今后必须加强心理学、生理学的研究……”这说明美国的心理生物测试应用学界已经在反思。

紧紧把握心理科学发展主流

王克峰：在心理测试上，美国过去对中国采取技术封锁。到20世纪80年代才解禁。但最新的技术包括资料，人家肯定不会给我们。现在中国大陆有些头脑简单的人，以为对美国的情况都了解得比较清楚了，事实，恐怕不是这样。

汉森间谍案出来后，美国联邦调查局提出要在员工中扩大“测谎”范围。前不久，美国司法部又宣布要使用“测谎仪”找出制造炭疽袭击事件的涉案人来。这说明美国人还是相当看重这项技术的作用。在美国，尽管指责和抨击“测谎仪”的声音比较多，但美国官方决策部门的态度依然很鲜明。我们中国人，应该对美国的情况有清醒的认识。

武伯欣：近十年来，经国家外专局和公安部批准，我们同美国进行了学术互访和交流，从中明显感受到了这一点。我们问美国人对一些技术问题的看法，美国仪器公司的来人还愿意谈，但又谈不到点儿上；有官方背景的人就不做声了。反过来，他们对公安大学心理测试中心的研究倒是非常感兴趣。他们也给过我们一些资料，就是J·里德那一套东西，都是已经过时的理论和方法，而对官方最新研究情况，他们始终回避不谈。这一事实也告诉我们，开展心理测试技术研究，借鉴国外经验固然不可缺少，但从根本上，还是要依靠我们自己的研究力量，扎扎实实结合国情进行理论与实践探索，只有这样，才能建立适合中国国情的心理测试理论和心理测试方法。同时，我们也应注意必要的保密。

武伯欣：从20世纪80年代末开始，美国的心理测试理论已经在发生变化，到了90年代，许多观点已见睹于报刊。可以明显看出，心理学的认知唤醒理论已占主流。但我们感到，认知唤醒的提法太笼统，心理测试，应当是言语唤起的心理生理效应。言语唤起被测人的心理痕迹，人脑的高级神经活动导致情绪心理变化，进一步导致生理指标的变化。实际上，心理学中的有关情绪的、记忆的研究已在宏观、中观上把这一块研究得很清楚了。例如巴甫洛夫的优势兴奋中心学说，用狗做实验，证明越是占优势的记忆越易于提取；还有阿诺德的认知评价学说，证明在人言语唤起的情绪活动之前，中枢神经系统先有认知评价，而后才是情绪变化。但是，言语唤起的微观机制形式规律究竟是什么？是有心理学意义的电信号，还是某种心理生化变化？这都有待于相关科学研究从微观上加以证明。现在，世界很多国家都盯住了脑科学，如果关于情绪、记忆的研究能从微观上取得突破，必将导致心理测试技术的根本性突破。到那时，对“心理证据”证明力从法律上作出规定就是完全有可能实现的。

因此我们认为，心理测试研究应紧紧把握心理学研究发展主流，进入学科前沿地带，而不是拾人牙慧，仅知J·里德“准绳测谎法”就抱住不放，照搬照用。中国各个方面发展历史早已证明：不首先结合中国国情民情，脚踏实地搞相关实验研究，简单抄仿仪器赚大钱，或将外来理论方法生吞活剥教条使用，受害的只能是中国社会本身——那些花冤枉钱的教训和实践办案中遭受的挫折至今令人警醒。

我们认为：主要用于调查和侦查疑难案件的心理测试理论和方法，必须适合中国的汉语语言，适合中国的国情、社情和民族心理特征，适合中国社会个体心理生理的差异。

（《警界科海》2003年第2期）

中国犯罪心理学测试技术应用理论

武伯欣

犯罪心理测试技术，即过去长时间被某些人错译、错传、错用为“测谎”的科学的正确称谓。研究应用现代科学技术，应首先重视鉴别其概念的科学性。根据中国近二十年犯罪心理学理论研究成果，依据近十年笔者在全国各地实践应用测试 22 种案件类型 860 余件疑难案件的检验结果，可以证明：犯罪心理测试技术（或称犯罪心理鉴定技术）是科学概念，而长期在我国普通百姓中被俗称的“测谎”，是非科学的概念。

英文 Polygraph，汉译是多道心理生理描记器或者多道心理生理测试仪，简称心理生理测试仪或心理测试仪。前苏联和现今俄罗斯几十年的确切称谓是多道心理生物测试仪。美国和当今世界近百个国家始终称此类仪器为“多道心理生理描记器”。实事求是地讲，Polygraph 这一类仪器仅是犯罪心理测试技术人－机系统中的组成部分之一。

公安部从 1991 年正式通过审定我国自主研制的 Polygraph 专用仪器，迄今官方文件一直称此类设备为心理测试仪，从来没有叫过“测谎仪”。国务院学位委员会 1998 年批准在公安部直属的中国人民公安大学设立全国第一个“犯罪心理测试技术”研究生点，开始正规化培养这方面的合格高级人才。1999 年 2 月，中国刑科协理事长刘文同志亲笔为此项技术题写“心理测试技术”称谓。笔者认为：从事科学研究和实践应用以及著书立说的人员，不应当继续盲目地使用被人错译的“测谎”和“测谎仪”概念，更不应该再轻率地使用被某些人杜撰出来的“测谎技术”或者“测谎学”等非科学概念，从事学术研究、教学和科学技术应用的人，都应该从对科学负责的高度，及时纠正“测谎”的种种误传给中国社会、公民和司法实践带来的方方面面的危害。

二

犯罪心理测试技术，这种主要用于人员调查和辅助侦查、审理案件的心理实验技术，是依据认知心理学、实验心理学、犯罪心理学三大学科基础和神经心理学、生物电子学、计算机应用、侦查学、物证技术学等学科知识，通过专用心理测试仪硬件和计算机软件操作系统，实时同步记录被测人对主试语言问题理解后的多项心理生物反应变化，进而评判其心理痕迹对应相关度的心理鉴定技术。

可以说，中国犯罪心理测试技术的应用领域和应用过程，是犯罪心理测试技术专业人员在准确把握疑难案件的客观真实的情况后，经过特有的犯罪心理动态分析阶段，综合测试法编题阶段，心理访谈阶段，实测操作、观察和同步评图阶段，测试综合评判阶段，测后谈话和询问阶段等六个必不可少的技术阶段，严谨独立地以鉴定报告的形式，辅助调查、侦查、审判部门鉴别有关人员心理事实的有或无，区分涉案嫌疑人和无辜者的实验心理科学的鉴定工作，是测试人员科学精神和综合素质的具体体现。

近些年来，社会上不断出现直接抄仿美国“自动测谎仪”的公司，并通过某些人向实战部门高价销售未经疑难案件样本检验的设备，这些人不负责任地传播错误的、过时的“检测口供真假”的“测谎理论”，表现出极强的欺骗性和牟利动机，某些人员还拉拢公安政法系统个别人，私自办班、发广告、推销仪器以及实测案件，已经在全国各地造成严重的社会危害。云南昆明杜培武冤案、安徽芜湖刘明河冤案等已经曝光的案件，从一个方面说明了这些问题的严重性。

二

根据我带领同事、学生在公安大学十多年来协助公、检、法、司、安全和保卫部门实际办理的860余起案件的测试结果，可以负责任地说，中国的犯罪心理测试技术在人员调查、侦查讯问和案件审查工作中，确实能起到事半功倍的作用。犯罪心理测试是一项以心理科学原理为理论依据的心理鉴定技术。同所有的物证技术如指纹鉴定、血痕鉴定、笔迹鉴定、声纹鉴定、足迹鉴定结论相似，心理测试结论也必须是通过科学技术的手段对不同个体身心特征进行的同一性认定。有所不同的是，其他物证鉴定技术是对人身特征及行为活动物质痕迹的鉴定，而犯罪心理测试技术鉴定则是对人的心理活动痕迹的鉴定。形式不同，本质一样。目前，它是以鉴定报告方式为刑事案件和民事案件的心理事实的调查提供辅助依据。笔者认为，如果是专业合格的测试员所作的测试结论，其实质无疑应属于科学鉴定的结论范畴。

近20年来，我和研究生通过理论研究并结合实战应用这项技术，可以总结出它的主要作用是：（1）有助于及时、准确排除无辜者，在调查、侦查初始就杜绝冤错案；（2）有助于克服主观唯心和经验教条，从而杜绝刑讯逼供；（3）有助于在法定时限内节省时间、人力、财力和物力，提高调查、审理案件效率；（4）有助于发现未知新线索，揭露犯罪前、犯罪中、犯罪后心理事实的真相；（5）有助于依据真实可信的调查和客观严谨的侦查，揭露犯罪因素、动机强度及同案犯人数等;（6）在疑难案件和“无头”案件的侦查中，对于痕迹物证欠缺或久侦未破但嫌疑范围较清楚的案件有特殊效果;（7）有助于深挖余罪或掌握犯罪嫌疑人有无其他犯罪经历，瓦解其抵抗心理，其“测试后效”往往使作案人和知情人主动供述或忏悔;（8）有助于对证人证言的核实和对被害人陈述的核实，以保证其他证据的准确无误。

三

从基础理论阐述，犯罪心理测试技术不是某些人所言“测度被测人主观口供是否说谎”，而是客观检验被测人有无违法犯罪特殊事件的真实心理痕迹。以往误传的“测谎”，实质上应是“测真”。俗话说：未做亏心事，不怕鬼敲门；做了亏心事，就怕鬼敲门。心理学研究表明，人的大脑对外界的认知内容都会留下一定痕迹，其主要表现为心理活动痕迹。例如，人的记忆分为瞬间记忆、短期记忆和长期记忆三种时间层级；记忆又分为视觉记忆、听觉记忆、情绪记忆、动作记忆等类型层次。人的知、情、意、个性等心理痕迹的深浅、久暂，主要由对个体生活、生命的意义大小和经历事件时刺激的强度、体验的深刻程度等因素所决定。

对于作案人和知情人，尤其是对于实施杀人、爆炸、抢劫、贪污、贿赂、诈骗、强奸、纵火、投毒、特大盗窃、涉枪、涉毒、绑架人质、破坏铁路等严重犯罪的作案人或知情人而言，他们对自己所实施或者目睹的犯罪行为的认知是相当清晰的，作案人对自己所实施犯罪的案前、案中、案后的心理痕迹是相当久远的，有些甚至是终生不灭的。更值得注意的是，犯罪嫌疑人在作案之后，会不时地在其脑海中思考并浮现作案过程与行为细节。出于逃脱法律追究的心态，作案人或知情人在情绪情感上对案件事实极端敏感，意志行动会极力回避

“旧事重提”。

中国大量案件实测表明：在心理测试技术相关阶段所形成的“言语唤起作用”影响下，涉案人、知情人对违法事实的心理痕迹，会在大脑特定区域恢复起来，负罪感差异使心理痕迹激活，引起被测人的情绪、记忆、思维等活动。这种大脑特定区域的激活兴奋性变化，必然会引发邻近情绪中枢的心理生理反应——皮电、血压、呼吸、脑电等指标变异。此时作案人或嫌疑人的认知、情绪的心理生物反应，一般难以受人的主观意识调控。因此，不论被测试人始终保持沉默，不回答问题，抑或是回答“是”或者“不是”等，在相同测试条件的语言唤起作用下，作案人或知情人的心理指标的特殊反应性变化，比起无辜者会异常显著地表现出来，会被实时同步通过专用软件显示在计算机屏幕上。

近十年，我和研究生根据中国国情和司法应用实践研究形成的犯罪心理测试技术理论、认知综合测试方法、实测技巧及各类案件测试要点，在使用国产 Polygraph 设备条件下，可将涉案嫌疑人与无辜者以 98% 的准确率区分开来。

四

中国的犯罪心理测试技术的应用研究开发，是从1980年以后——刘文同志率团考察国外此项技术并肯定了此项技术的科学性以后，是随着 1991 年公安部审定国产专用心理测试系统的研制、推广试用、逐步普及而深入展开的。中国的心理测试技术领域的先行者刘文、曹平、罗大华和 1991 年公安部专家审定会的多位专家都曾经指出过：中国自主研制的 Polygraph 测试系统，是世界上公布最早的实现智能计算机化的先进的心理测试专用设备。

美国 Polygraph 学会，多次派一流专家到中国人民公安大学进行技术交流，经实测图谱的比较和应用办案效果对比，已经证明我们经实践检验所系统提出的六大阶段技术理论、综合编题方法和实测技巧等确已处于国际先进水平，实测办案侦破中的应用效果确已达到了世界前列。

中外专家交流互访中已经形成的共识是：尽管犯罪心理测试的心理学、生物学原理似乎相同，但由于中国人和西方人的语言（符号）学上的客观差异，东方人与西方人在言语心理过程、语言思维习惯模式、民族心理特点、社会个体文化背景等方面存在很大的差异，因此，中国不论是重新研制，或者继续完善自己的 Polygraph 心理测试系统，都不能简单参照美国仪器或按照国外数据资料仿制，必须根据中国不同年龄、职业人的基础心理实验结果；根据有具体效果的案件实测样本研究结果和有不同案件类型检验的研究数据。

中国犯罪心理测试技术理论和实测办案应用，已经在改革开放的中国土地上起步。除了某些非专业科技人员造成的混乱以外，可以说这项技术研究与应用呈现出较好发展势头。需要明确，这项技术同任何一项物证鉴定技术一样，都有其自身局限性和必需测试条件。从主持测试人员看，并非是个人买台机器就都能做好心理测试工作；从被测试对象看，并非所有人和所有条件都适合进行心理测试。从犯罪心理测试的信度和效果方面看，它受许多心理实验中主、客观因素的制约和局限：（1）犯罪心理测试技术人员的心理学专业素质至关重要，同时应具备物证、侦查、预审、法律、政治等业务素质。（2）犯罪心理动态分析阶段的专业性与重要性，以及依据心理分析编制题目使用综合方法的必要性。（3）主试人员对中国人犯罪心理测试阈值变异的熟练掌握，对中国人心理与人文背景、身心状况、个性特征和语言思维规律的掌握。（4）心理测试实质上是一项心理实验，实验环境中多种无关变量的控制、实验过程中主试与被试间的自变量和因变量的严谨统计和观察十分重要，等等。

我们认为，实践部门若简单轻信广告，盲目购置仪器，不首先注重专业人才选拔培养和以上方面的主、客观因素，造成测试失误和经济损失是必然的。因此，中国公安、检察、法院、司法、安全、部队保卫等部门的相关人员，既要充分认识这项技术的科学先进性，纠正以往怀疑或否定此项技术的观点以及照搬“检测口供”理论的错误做法，又要持科学求实和认真审慎的态度，密切结合中国国情和案情进行犯罪心理测试技术应用理论、各类案件实测方法的深入研究和专用心理测试硬件、软件的通用标准制定和应用开发工作。

（《中国公共安全》2005 年 6 月第一卷）

论犯罪心理测试技术的辩证应用

——与中国心理测试专家武伯欣教授一席谈

人民公安报　张泽民

在中国大陆曾被俗称“测谎”的犯罪心理测试技术，经过 20 多年的研究与应用，日渐成为侦查部门一项较常用的技术手段。但在近 20 年应用办案实践中，全国公安科技专家、犯罪心理测试技术研究生导师组组长武伯欣发现，这项技术在各地应用的情况差异极大：有的地区应用得较好，有效辅助了案件侦审；有些地区却不断因测试出错，形成大量冤错案和无结论案，致使很多办案人已不再相信心理测试技术，高价买来的“自动测谎仪”早已成了无用摆设。

“虽然不能要求心理测试结果达到百分百正确，但对于因‘测谎’造成错案、无结论案等比例过大的情况，非常有必要进行反思。要找出原因、提出对策，唯有运用科学、实证的方法，才能促进心理测试技术健康发展，才能切实为侦查审理案件帮忙，而不是再照搬抄仿添乱。”武伯欣对记者道出了对这项技术在中国大陆起步和日后发展的忧思。

一、抄仿美国“测谎”酿成的错案

某省县“2002·08·04”杀五人特大案件历经四年未侦破，其间，曾先后四次邀请不同地方的测试员，用国外“准绳测谎法 + 自动测谎仪”锁定两名嫌疑人，但始终因难于突破未能结案。受害人亲属因此不断进京上访，告当地公安局不作为。武伯欣与专案组同志，用两天时间先对案件进行犯罪心理痕迹动态分析，对事不对人地剖析出18个方面的心理痕迹特征。在重新划定被测人范围后，武伯欣采用自主研创的自我认知检测法、现时心态检测法、违法犯罪认知检测法等综合方法，编制了同一套问题，对所有待测人依序测试，原来曾被四拨“测谎员”定为“说谎”的两名嫌疑人很快就被排除了。随后，武伯欣准确认定一名原来未在侦查视线内的嫌疑人。随后，案件迅速突破，几名涉案人、包庇者和作案用的交通工具，都在心理测试帮助下找到了。

随后，武伯欣被数次邀请到安徽各地“攻坚”。宿州某县有一起发生在2005年的投毒案，半年中受害人家中先后三人被毒死，侦查中又多次使用“测谎仪”，认定受害人的一名男邻居为说谎人，他曾因宅基地纠纷和受害人吵过架。但此案久侦不下，也没有口供，到了羁押期限只得放人。嫌疑人出来后到处上访告状，申冤不止。武伯欣在充分研究发案环境基础上，用自主研创的犯罪心理痕迹动态分析理论方法，扩大查找被测嫌疑人的范围。在案件实测中，排除原来错定的无辜人以后，测到第七个人就准确找到了嫌疑人，嫌疑人在心理测试中所反映的心理过程、心理状态、心理特征，与犯罪心理痕迹动态分析的特点完全吻合。

淮南城郊某区农村的“2007·01·02”女孩被害碎尸抛尸案发生后，专案组迅速驻村侦查，先后已有两拨搞美国“测谎”的人测试过几次，其中还包括推销“自动测谎仪”公司的技术人员。测试结果有的是“无明确结论”，有的是对几名嫌疑人都“不能排除嫌疑”。这种结论，更让侦查人员举棋不定。武伯欣受邀带学生到淮南，先对此案进行犯罪心理痕迹动态分析，扩大了排查和被测人范围，最后在19个被测人中，准确认定一名16岁中学生为涉案嫌疑人。随后又找来该中学生父亲，测试认定其有包庇和碎尸抛尸等犯罪行为。办案人员根据科学的心理测试结论，最终突破了被某些人用美式“测谎”耽误近 100 天的疑难案件。

二、美国“测谎理论方法”的重大缺陷

在办理案件中，武伯欣了解到，曾在这些案件中使用测试仪的人，全都是在仪器厂家学习的美国 J・里德的“准绳测谎方法”，测试用的都是抄仿国外的“自动测谎仪”。

“这不应该追究测试员的错，而是这些测试员所学的是美国早期的‘准绳测谎方法’，根本无法用于检测各种复杂的疑难案件。”武伯欣说，“目前，国际上心理学、生理学研究进展水平，从未证明过人的情绪变化与人说谎有特定规律性相关，迄今也未达到对人的心理、生理活动变化信号进行自动评分的程度。心理测试应用办案心理生物图谱变化中，不断掺杂进许许多多未知因素。因此，使用抄仿国外的自动仪器，实际测试案件最容易造成误判。”

据了解，美式“测谎理论方法”，是某些人为帮助仪器公司推销仿制“自动测谎仪”，通过办短训速成班等方式传播的。公司推销仪器过程，普遍充斥着吃拿回扣等金钱驱动问题。中国多数侦查部门对这项技术缺乏心理学专业性把握，盲目购买抄仿“自动测谎仪”并学习美式“测谎理论方法”，导致许多地区心理测试应用日渐走入歧途。国内许多地方侦查部门主管领导，近几年都纷纷反映：用美式“测谎理论方法”和自动仪器，尽管有 30% 的案件似乎测对，但有 70% 的案件在众目睽睽之下就搞错了，也包括许多测试是无结论的。来自侦查主管领导的看法，基本上代表了各地对心理测试技术最近几年非良性发展的真实声音。

据调查，美式“测谎”似乎测对的案子，一是检察院侦办的贪贿案，测试对象都是有检举材料、有侦查依据的嫌疑人，即属于“有罪嫌疑人”，一般都是认定说谎结论，似乎不容易搞错；二是少量民事案件，被测人只有原告、被告两个人，肯定其中一人是理亏或违法，这时主测人大都先询问并参照法官审理意向，也比较容易测下来；三是警方侦查中，侦查员已划定嫌疑范围很小或有明确嫌疑人，照搬美式“测谎理论方法”的人，一般又先听谁嫌疑最大，这时认定说谎就碰巧测对了。但有的案件，如在震惊全国的陕西榆林横山爆炸案中，侦查原定的重点嫌疑人，反而被照搬美式的“测谎”否定了。这次“测谎”，对陕西公安厅乃至公安部刑侦专家都产生了极坏的影响。

武伯欣说：“当案情比较清楚简单，侦查提供嫌疑人较准确时，美式‘测谎’似乎能起心理压力作用。但是，侦查经常遇上的是案情复杂且有多种侦查方向和可能性的疑难案件。对此，美式‘测谎员’马上就变成了盲人摸象，因此经常测错案、耽误案件也就成了常事。我近几年经常纠正美式‘测谎’测出的冤假错案，大都属于这种类型。”

“还有，用美式‘测谎理论’及几种‘测谎方法’拼加，绝不是武伯欣带领同事、学生创立的认知综合法。用几种美式方法机械拼加去测试案件，很大部分得出的是无结论。按照美式‘测谎’传播者的说法是：‘测谎’如果漏掉嫌疑人是犯一个错，错认了嫌疑人就是犯两个错。所以‘测谎’主张：宁漏掉人，勿错认人。所以，当测试员无法看明白时就大量下无结论或不结论，或者就出‘既不能排除也不能认定’的结论，这些试图规避诸如昆明杜培武冤案、安徽芜湖刘明和等冤错案责任与风险的教学主张，实质上反映了美式‘测谎理论、准绳测谎法、自动测谎仪’在中国实案测试中的重大缺陷，对侦查、审理疑难案件没有任何价值和帮助。”

三、学术争鸣与研测中国案件本质区别

近20年来，武伯欣带领同事、学生自主研创犯罪心理痕迹动态分析和认知综合法检测技术，使用自主研制心理测试仪，已协助各地侦查、审理近1300起疑难大案，被全国媒体称为“中国警界测谎神探”。但武伯欣强调，这项技术的原理，绝对不是测谎言的，科学理论是检测心理痕迹有无。本质上说，这项技术是包括实验心理学、犯罪心理学、心理生理学等心理科学在侦查破案中的综合应用。

武伯欣总结多年办案经验指出：疑难案件侦查审理，必须采用“四轮驱动理论”才能奏效，即侦查讯问一个轮子，物证鉴定一个轮子，电子信息一个轮子，犯罪心理分析检测一个轮子。对于犯罪心理测试技术的成败，基本上可以认为人占七分，仪器只占三分。这里说的“七分”，主要指的是主测人员对发案环境的犯罪心理痕迹进行动态分析的能力，这种能力不仅是合格心理测试员必需的技术能力组成部分，更是一种行之有效的侦查审理心理痕迹分析方法。

一些案件之所以形成为疑难，侦查分析偏误、犯罪心理痕迹分析不到位是其中重要原因。如前面提到的安徽“2002·08·04”案，按照原来侦查分析，一号嫌疑人是与受害人不久前因狗咬小孩吵过架的邻居，二号嫌疑人是有宅基地纠纷的另一邻居，分析案件系一人所为，经四次对侦查提供嫌疑人进行美式“测谎”，结论有的是认定一号说谎，有的是认定二号说谎，致使长期误导侦查方向，使疑难案件陷入僵局。但是，经武伯欣对发案环境进行犯罪心理痕迹动态分析，判断凶手应在二人以上，要优先考虑雇凶杀人，作案动机强度分析表明可能是累积性报复动机等。办案人员按此心理分析思路，扩大了排查范围，再次划进来27名需测试甄别的嫌疑人。通过同一套题对27人测评，先后测否了原一号、二号嫌疑人，准确认定第12名被测

人为涉案主谋。此人交代的案情、受雇人等都与武伯欣分析的基本相同：矛盾是多年积累下的，找的凶手是他外甥等人来作案。

武伯欣说："心理痕迹动态分析目的，并不是询问谁的嫌疑最大，而是把所有可能嫌疑人纳入被测人范围和侦查视线。在此心理分析基础上，通过自主研制适合国情的心理测试仪来测清心理内隐痕迹，即通过同一套题目对全部被测人进行测评、甄别，从中找出涉案人，排除无辜者。"

然而，从侦查角度看，此案在四年多以后才搞清楚，已经失去最佳破案时机，收集证据肯定困难重重。从这些纠正测错案件以后的结果看，有的案件找全了证据顺利起诉审判，有的案件则因证据条件缺失而无法再结案了。

为此，武伯欣呼吁：各地侦审部门应对抄仿国外"测谎方法、自动测谎仪"有清醒认识，日后在推进心理测试技术应用时，尤其应当慎重选择和识别。最好是先通过一定数量实案测试检验，再对测试理论方法和仪器做出选择。

对于有的人把中国自主研创心理测试理论和方法，与美式"测谎理论方法"称之为学派之争的说法，武伯欣认为，学术上的自由争鸣，任何时候都是需要的，更是大有裨益的。但是，学术争论与实践办案是有本质区别的，决不可混为一谈。中国心理测试技术辅助办案，毕竟属于执法活动范畴，每个参与者都负有法律责任。从维护中国法律公正性、严肃性出发，哪种理论方法能用、哪种理论方法不能用，只能依据适用中国侦查审理案件的客观事实作出取舍。

（《甘肃警察职业学院学报》2007 年第 4 期）

“测谎”：技术革新能否促成修改立法

周　斌

中国的刑事诉讼法和民事诉讼法中，没有“测谎”的相关规定。但在司法实践中，“测谎仪”正在被应用。“测谎结论”能否作为法庭证据使用？支持者认为，可作证据但需严格审查；反对者称，此举将造成冤假错案的发生。

全国人大代表提交了把“测谎结论”作为证据纳入民诉法和刑诉法的议案，法学专家提议出台相关司法解释。

现在，“测谎仪”正在中国司法实践中被应用，但很多人都不相信仪器面临谎言时能够像童话皮诺曹的鼻子一样精准无误，却确信会出现像凯瑟琳一样善于掩饰的人。

“测谎仪”，会让案情更明晰？还是易导致冤错案？

“测谎仪”在中国应用起步

民间俗称的“测谎”，中国官方称谓心理测试技术，在中国曾一度被归于唯心主义的伪科学。直至20世纪80年代，公安部刑事技术考察团赴日考察后，提出“测谎仪”有科学价值报告。1990年，公安部科技司立项，成立心理测试仪课题组；1991年，中国自主研制PGI心理测试仪成功。

随着技术的发展和人们对心理测试认识的转变，“测谎仪、测谎方法”已经逐渐应用于中国司法实践中。

作为中国唯一培养犯罪心理测试技术人才的导师组组长，中国人民公安大学犯罪心理学教授武伯欣，至今积累了1300多起“测谎”实践经验。他把1995年作为中国“测谎”应用的转折点。之前，中国普遍采用的是美国官方不认可的“美式商业测谎技术”，其理论为：当人接受“测谎”时，担心自己违法事实被揭露，产生恐惧形成“波形”。

但这一“波形”，难以区分“慌与谎”差别，即被测人担心个人隐私被揭露表现出的波形，与被测人害怕案件事实被揭露产生的波形基本相同，测试结论可信度很低。即便如此，“这种欠科学技术在2000年以后，仍被国内少数政法公务员和仪器公司一哄而起采用，加上公司短训速成测试员缺乏心理学素质，为出现冤错案埋下了极大隐患”。“1995年后，我们将心理测试对象改为检测心理痕迹有或无，主要包含违法犯罪认知、自我认知（谁干了谁知道）、现时心理状态等三部分。”武伯欣教授表示，经过十多年应用和完善，中国心测技术水平已超过发达国家，准确率为98%。“所谓98%，首先是不会认定错（无辜者肯定能排除），但可能会‘漏人’（极少比例的涉案人可能漏网被排除在外）。”

刑事诉讼中的“测谎”

美国“测谎”进入刑事诉讼，可谓“历经艰难”。

早在1923年，美国司法界便对这一问题展开激烈讨论，哥伦比亚特区巡回法院作出了“不接受测谎结论作为专家证据采信”这一判例。判例主因是“测谎结论”的不精准性与“排除一切合理怀疑”的刑事证据证明标准不符。但随着“测谎仪”不断更新，目前，美国部分州，日本、以色列等国法庭已把“测谎结果”作为刑事判案中的依据之一。

1997 年，中国修改现行刑事刑诉法时，并没有将“测谎结果”列入法定证据。但在司法实践中，“测谎结论”给刑事案件侦破甚至判决都提供了“依据”，但不免尴尬的是：1996 年安徽刘明河案和 1998 年昆明杜培武案，因主测人用“测谎仪说了谎”而断送了两名无辜者的青春。

1999 年，最高人民检察院在《关于 CPS 心理测试鉴定结论能否作为诉讼证据使用问题的批复》中指出：“人民检察院办理案件，可以使用 CPS 心理测试鉴定结论帮助审查、判断证据，但不能将 CPS 心理测试鉴定结论作为证据使用。”对于这一批复，中国人民公安大学教授、博士生导师崔敏认为恰如其分。“测谎结论”可作为证据的辅助条件，但不能直接作为证据使用。“刑诉法中七类证据，其真实性、可靠性都是可以审查的，比如证人证言，可以通过各种途径进行验证，而‘测谎结论’却无法用其他方式验证。”崔敏将“测谎”比喻成警犬跟踪识别，结论可能可靠，但出现差错几率也不低。“‘测谎’有一定科学性，可作为证据资料、印证手段，加大或减小被告人嫌疑，但结论中掺杂人为因素过多，精准性不足，作为证据使用极可能造成冤假错案”。

民事诉讼中的“测谎”

与刑事诉讼领域不同，我国民事诉讼法和 2001 年《最高人民法院关于民事诉讼证据的若干规定》，都没有对“测谎”作相关定义或解释，但在司法实践中，“测谎仪”及其结论却也在被较广泛应用。

2007 年 11 月 2 日，山东省莒南县人民法院审结一起交通事故人身损害赔偿纠纷案。因缺乏直接证据，法官建议双方“测谎”，但被告拒绝，法院一审判决被告负事故全部责任。同年2月26日，江苏省淮安市清河区法院对一起财产权属纠纷案作出判决。法院认为，本案审理过程中，被告申请对双方进行“测谎”，虽然“测谎”结果不能作为本案定案唯一依据，但其可作为补充证据，在与其他证据相互印证情况下具备证据证明力。原告拒绝“测谎”，因此其所主张的事实缺乏充足证据，一审判决驳回原告的诉讼请求。

对于“测谎”在民事诉讼中应用，中国政法大学民事诉讼法研所宋朝武教授表示坚决反对。在看过一些媒体报道案例后，他直截了当地说：“法院的做法是错误的，违背了民诉法的相关规定。不管是法院强迫当事人‘测谎’还是当事人主动要求‘测谎’，法院采纳其结论，都是不恰当的。民事案件属于私权力范畴，而‘测谎’属于侦查手段，如果纳入民事诉讼中，等于公权力介入私权力”。中国政法大学教授、博士生导师杨荣新也表示，民事诉讼中应当慎用“测谎”。

目前，杨荣新教授正在组织起草民事诉讼法修改专家建议稿，在此修改过程中，也有专家提出了民事诉讼中有关“测谎”应用的问题，但赞同者不多，多数专家持保留意见。“我们认为，在民事诉讼中，不能仅仅根据‘测谎结论’作为断案根据，但可以作为法官心证的辅助手段。同时，应当充分考虑‘测谎’的人群。现实情况是，很多人都难以接受‘测谎’；加上目前‘测谎技术’相对还不成熟，因此专家意见稿中没有出现‘测谎’的相关内容。”

“测谎”结论如何定性

现实情况是，“测谎”已被应用于诉讼实践中。对于“测谎结论”是作为证据还是辅助，一些判决中采用了模棱两可的表述。最高人民检察院渎职侵权检察厅副厅长、中国人民大学教授何家弘认为，“测谎结论”可以作为证据使用：“‘测谎结论’有一定科学依据，但如果因为不是100%可靠因而否定它，不能做证据用，则存在认识上的错误。其实，所有的证据都不是100%可靠，包括我们平常所讲的科学证据，指纹鉴定、DNA鉴定等，其结论也都有可能出现误差”。

“可不可以作证据，从证据学角度讲，叫做能否被采纳。但采纳并不等于采信。对于‘测谎结论’，我认为可以采纳，放它进入诉讼大门，归入鉴定结论范畴。但并不是每一个‘测谎结论’都是可靠的、可信的。这和证人证言一样，需要法官进行认真审查，采信以后才能作为定案根据。”

何家弘提出，对“测谎结论”应作有限可采信。这在美国联邦证据规则中有明确规定：用途有限，不能直接用来认定案件事实，但可以间接帮助法官达成心证。“根据国外一些专家的分析，仪器占40%，问题编排合理性占30%，‘测谎人’的资格和经验占30%，三则组成‘测谎结论’。所以，‘测谎结论’一般只能对相关证据进行质疑或佐证，但有用途，特别是在民事诉讼中，当事人双方都是一对一证据时，‘测谎结论’可以帮助法官达成心证，做出判断。”

是否修改立法

正当学界和司法实务界对“测谎”在诉讼中应用利弊作激烈争论时，全国人大代表迟夙生已于2006年，在全国人民代表大会上提交了把“测谎结论”结论作为证据纳入民诉法和刑诉法的议案。两个月后，迟夙生代表收到通知，议案已送至全国人大法制工作委员会。

迟夙生告诉本报记者，她所在的黑龙江齐齐哈尔市，是一个“测谎”实验基地。她与当地检察院同志有过这方面的研究，她本人也多次上阵进行“测谎”，结论准确率很高。作为夙生律师事务所主任律师，她也看到许多自己代理的案件都是靠“测谎”侦破的。她说：“随着科技的发展，‘测谎’已经达到一个水平，同时，应用‘测谎’也有利于防止刑讯逼供发生；借着国家把刑诉法和民诉法列入修改规划之机，她提出此议案。”面对因此而引发的“易造成冤假错案”等争议，迟夙生称早有预料。“冤错案是‘测谎人员’素质不到位造成，这就需要中国在高校中由相关专家培养一批理论和技能达标的测试员。这些细节在议案中都有提到。”

武伯欣教授也表示，中国“测谎员素质”亟待提高。“我国‘测谎员’水平可分为五级，最高一级没几个人，二级全国也就30人左右。而三、四、五级根本不入流，很多都是仪器公司推销员，冤假错案都是他们造成的。”何家弘教授认为，“测谎”已是司法实践中一个不可回避的问题，但目前修改立法尚不成熟。他建议，应由最高人民法院、最高人民检察院，共同出台一个司法解释来加以确认。

（《法制日报》2007年11月18日）

“测谎结论”能否作为诉讼证据

——关于中国心理测试技术研究应用及现状的思考

武伯欣　张泽民

近几年来，中国国内司法实践中不断提出和引发讨论的一个问题——测谎的结论能否进入证据领域？对于这个问题，说法很多，争论不休。

毋庸置疑，当我们在专业讨论中谈及“测谎”这个词语时，它只是一个日常概念，而非科学术语。科学称谓，应当是犯罪心理测试技术，可简称为心理测试技术或心测技术。

实际上，这项技术自产生之日起，就存在一个其能否作为证据的问题。在其诞生地俄罗斯和美国，至今还有人对其科学性、精准性持怀疑态度。例如，美国只有 36 个州法院明确将心测结论列入法庭证据。但是，这项技术伴随着心理学、生物学以及电子技术等学科的发展，也在不断取得新进步。就我们了解的情况看，很多国家都在积极开展这项技术的研究和应用，接受、认可这项技术的范围是在扩大，而不是缩小——这至少从一个侧面说明了它旺盛的生命力。

在中国，中华人民共和国成立前国民党执政时期，就已经有将这项技术用于调查案件和相关的研究。1949 年 10 月中华人民共和国成立以后，中国大陆经历了从否认、批判这项技术，到近 30 多年来重新认识、研究并推进这项技术应用的过程。迄今，从国产仪器的研制到相关专业人员的培训，都已达到了相当水平。公检法等部门查案、审案中的应用也已比较普遍。因此，证据领域是否可引入心理测试结论，日渐成为司法界关注的重大问题。与此同时，由于此项技术在应用中产生的冤假错案不断被曝光，以及缺少必要的法律规范，使得人们对它的科学性及应用等又不能不持保留态度。粗略归纳一下，中国大陆大致有以下几种不同的看法：

1. 心理测试能用于刑事案件，但不能用于民事案件。如果用于民事案件，就是干预个人隐私权，进而导致侵犯人权后果。

2. 即使可用于刑事案件，但目前条件尚不成熟。主要是心理测试技术人员的素质普遍太低。而培养心测人才工作不可能一蹴而就，也不应一哄而起，需要经过一个成熟的过程。

3. 心理测试鉴定结论可用于帮助审查、判断证据，但不能作为证据使用。这是最高人民检察院 1999 年 9 月 10 日《关于心理测试鉴定结论能否作为诉讼证据使用问题的批复》中的内容。我国司法界有相当一部分人认为，这个批复已经明确了心理测试技术鉴定结论的使用范围，应遵照执行。

4. 心理测试鉴定结论绝对不能进入证据领域。如果将心理测试结论作为证据或辅助证据，将给中国的案件诉讼和人权保障带来灾难性的后果。

上述观点都有一定的道理和原因，但又都有着一定的局限性、片面性。不过，笔者并不想一一加以分析讨论，因为对于一项科学技术能否作为司法鉴定证据使用、如何使用、证明力的强弱等，按照法学的理论原则给予恰当定位并得出结论，应该没有多大难度。但是，如果在谈论一项技术能否作为法定证据时，却对那项技术的相关现状并不大了解，或只了解些皮毛，那就是盲目决策了。比如，在谈到这项技术的准确率时，有人称达到了 90% 以上，但据笔者所知，就全国使用心理测试技术办案的有关数据，从来就没有进行过专门统计；实际上，这样的准确率，对于有些测试人员是对的；而那些使用直接引进的测谎方法的人，肯定达不到这样的准确率。事实上，正是由于中国心理测试技术领域自身存在的问题，才造成了司法界对其反差极大甚至截然相反的判断。因此，笔者在本文中主要围绕着这项技术的研究应用及其现状谈谈看法，为相关的讨论提供一些必要的参考依据。同时，也希望本文起到抛砖引玉的作用，引起相关法律工作者的关注，最好能够亲自到公检法办案单位实地调研，掌握有关这项技术应用的第一手资料，并以此来全面客观地衡量它的利弊得失。

一

心理测试技术，本质上是一门应用心理学科。笔者作为中国人民公安大学和甘肃政法学院的犯罪心理测试技术研究生导师组组长，除了完成教研工作外，主要精力都放在带学生参加应用办案上。迄今，笔者实测的案件已超过1300余起，测试了1.2万余人，涉及26种案件类型，其中80%以上经测后讯问取得突破性进展；其余的百分之十几，有的是排除了已有的嫌疑人，有的是虽认定嫌疑人但案件侦查暂无进展。所办案件均留有记录，可以随时备查。据笔者统计，在这些案件的区分无辜者与涉案人的准确率上，能够达到98%；而出现失误的2%主要存在错把涉案人认定为无辜者的情况，还有一部分属于无结果，即测试后因找不到其他证据验证测试结果，对嫌疑人只能依法疑罪从无。

在笔者测试的这些案件中，大多数是由公安部门承办的疑难刑事案件，一部分是检察院准备起诉案和法院审理的刑事案件，其中包括一审判处死刑的案件，还有少量民事案件。从应用结果看，此项技术优势很突出，主要有——

1. 能够有效澄清案件事实。这项技术主要作用在于检测被测人与案件的相关程度及案件事实真相。当被测人经测试被认定为涉案人时，主测人可根据其留在仪器上的心理生物反映图谱，对涉案人作案动机及相关案件基本过程获得一个比较完整明晰的判断。比如，笔者曾测试过一起江苏省高级人民法院审理的投毒杀人案，因主要证据就是口供，原来认定的案件事实是通奸男女合谋毒杀女方丈夫，涉案的男女都被判了死刑。但是案件上诉到省高院，法官在审查中发现，二人的口供相互间既有印证也有矛盾，现在又都翻供了，如果使用常规手段去审查，难度很大。法官当时分析，此案只有两种可能，要么两个都是作案人，要么都不是，因为他们的口供是相互支撑关联的。然而，经过笔者应用心理测试技术测试，最后得出的测试结论却是第三种结果：男的投毒，女的不知情。此案中的女被告人最终被宣告无罪释放。

2. 能够有效地甄别嫌疑人，排除无辜，认定涉案人。大部分案件在侦查之初，被划进嫌疑人范围的往往是数人乃至数十人，如何排除或认定嫌疑度，非得通过艰苦的调查不可，有时候通过调查也难以查清。而在排除嫌疑人方面，科学应用心理测试技术具有无可比拟的优势，由于无辜者并不具备与案件相关的心理痕迹，所以通过测试就可排除嫌疑。笔者的已测试案件中，一个案件测试一二十名嫌疑人是常有的事。曾有一起上诉到江苏省高级人民法院的死刑案件，此案证据主要是由口供来链接的。但被告人当庭翻供，原来的证据链便无法成立。笔者应邀重新研究分析案情并对被告人测试后，排除了他的作案嫌疑。此案经江苏省高级人民法院复核后，被告人无罪释放。

3. 能够帮助办案单位指明侦查方向。在案件侦查初期，科学应用心理测试技术最能发挥作用，它不仅是对被测人是否涉案作出结论，同时还对案件的侦查提供参考性意见，甚至可以直接探测寻找赃物、凶器等罪证的大致区域。在笔者承办的案件中，有相当一部分是通过心理测试获得线索的，找到被埋藏的尸体、血衣、凶器、钱物等证物，从而为破案创造了最佳条件。其中最为典型的是1998年发生在萧山建设银行的港币失窃案。当嫌疑人仍在抗拒交代问题时，办案人员已经通过心理测试的提示，搜查到了被藏匿和存在银行的赃款，东方卫视对此案曾进行过详细报道。

综上所述，科学应用心理测试技术，对于查案、审案的辅助作用是显著的。在侦查阶段，是搞清案情、认定或排除嫌疑人的一项有效技术手段；在审判阶段，除了具有上述作用外，还能为法官自由心证裁量提供参考依据。笔者曾经数十次应邀为法院测试案件，最后的审判结论中虽然多数没有提到这项技术的鉴定结论，但对案情的认定却是采纳了心理测试所获得的结论。因此，笔者认为，当前关于心理测试技术能否作为证据使用的讨论，对于最终确立这项技术的司法价值，从而更好地发挥其作用，是大有裨益的。

二

然而，考虑到中国心理测试技术领域的现状，笔者对于将其测试结论列为法定鉴定证据，又很是心存忧虑。

众所周知，震惊世人的云南昆明杜培武冤案，2000年被媒体曝光后，人们才知晓此案在侦查、审理过程中，曾两度对杜培武使用过美国“测谎”。第一次测试结果认定杜培武“说谎”，认为杜的妻子和情人被杀害就是杜培武所为。审讯人员坚信“测谎结果”，对杜培武采取刑讯逼供和指供诱供，最终迫使杜培武作出有罪供述。此案经一审作出死刑判决后，杜培武与辩护律师提出无罪辩护书，直指一审判决证据不足，要求改判无罪。但是办案部门又请来北京“测谎专家”，对杜培武进行第二次“测谎”，测试后，还向法庭出具了专家意见书，因此导致高院终审也判决杜培武有罪。

2001 年被媒体曝光的安徽芜湖刘明和冤案，也是一起由“测谎专家”先认定说谎，再出现刑讯逼供，进而导致一审判决死刑，二审才被改判无罪的冤案。对刘明和“测谎”的专家，就是曾参与过杜培武案第一、第二次“测谎”的人。

为什么同样心理测试，准确性却有着天壤之别？问题就在于心理测试理论及测试方法是否科学。笔者在多年研究中发现，有的“专家”和他所培训的测试员，都是用美国过去的“准绳测谎”理论和方法，主要表现是使用准绳法、激励法等，其主要内容是上世纪 40 年代美国 J·里德学派的理论，其理论渊源是上世纪初期的华生行为主义心理学，其实质是把人复杂的心理活动简单化、生物学化。他们认为人在说谎时的紧张情绪与生物指标变化是一对一的唯一关系，这种机械、僵化的认识，必然导致对实案心理测试中出现的其他复杂的心理活动统统都不考虑；根据这种理论设计的测试题也不可避免地存在着简单化和程式化的弊病。

使用非科学的美国测谎理论和编题方法测试案件，当遇到民事案件和案情简单、嫌疑人摸得比较准的刑事案件时，似乎能起点儿心理压力的作用，有时也能拿下几个案子来。但当遇到疑难复杂案件时，比如面对多个侦查方向、多条线索、多名嫌疑人的情况，肯定就会出现——所得结论要么是谁的嫌疑也排除不了，要么就是错认无辜者为嫌疑人，继而可能导致冤假错案的发生。上世纪 80 年代中国从美国引进“测谎”仪器时，美国厂商所提供的就是这种非科学的理论和方法。实际上，美方在侦、听技术上对中国一直是采取封锁态度，根本不可能把最先进的心理测试理论、方法和应用技术毫无保留地让我们引进。对于美国的那套测谎理论，笔者在最初也经历了一个由使用到怀疑、摒弃以至创造的过程。其中最根本的理论分歧是：心理测试技术所检测的对象究竟是什么？通过大量实践性的研究，笔者认为，心理测试技术并不是像美国测谎教材所说的检测口供的真假，而是检测与案件相关心理痕迹的有或无。

笔者认为，由于中西方在民族、文化、个体等方面都存在着很大的差异，因此对美国的测谎理论决不能简单地照搬、照抄、照用。我们必须结合中国的实际应用情况，研创适合我国国情和中国人心理特征的测试理论和方法。

笔者通过二十年大量案件的实证研究，提出并创建了中国犯罪心理测试技术理论和六大技术阶段理论方法等。按照我们自主研创的检测违法心理痕迹有无理论；按照我们自主研创的犯罪心理痕迹动态分析，认知综合法编题，测前心理访谈、实测操作与同步评图，测后评判结论，测后谈话与讯问等六个技术阶段应用；按照我们自主研创的自我认知检测法、违法认知检测法、现时心态检测法等心理测试方法；我带领同事、学生在多年实践中所达到的办案效果，都是美国那套“测谎理论和方法”所无法企及的，也是目前任何单一测试方法所无法相比的。笔者认为，只要按照中国犯罪心理测试技术六大阶段技术一步一步认真到位地做下来，同时使用经过科学审定的适合中国人心理特征的可调控心理测试仪器，所得出的检测结果才会有把握。因为，笔者所创立倡导的犯罪心理测试技术，从理论到方法，是以许许多多疑难案件实际测试为心理实验支撑的，符合科学原理，经过科学验证，并随时可以接受相关的科学检验和审查。

但是，有些“测谎专家”在测出错案后，并未从心理测试技术专业角度认真分析其中的谬误，而是为了推销抄仿“测谎仪”获取商业利益，不断使用过时的美国“测谎学校教材”办短训速成班，致使国内许多地方的心理测试员都在使用抄仿国外的自动仪器和“测谎”法。有人在传播不科学测试方法时竟说这是“百花齐放”，甚至美其名曰“学派不同”，而根本不管它能不能起到辅助办案的作用。那些推广美式“测谎方法”的人，实际上连一个像样的疑难案例都拿不出来，而他们还一度把杜培武案作为成功的案例放在他们的“测谎培训教材”中介绍。这种状况直接导致了因“测谎”出错而延误案件侦破或造成冤假错案的事例不断出现。由于心理测试技术在实案中的应用，并没有专门的统计制度，办案单位一般也不会对实际测试办案情况予以统计。所以，对于心理测试的准确率统计，从总的情况看，实际上处于无人过问、监督的死角和空白状态。即使个别地方有统计，也是不公开的，只是办案单位和测试员心中有数罢了。

笔者近几年经常应邀测试并纠正被美式测谎法搞错的案件，几乎每年都在30起以上。由此推论，各地所谓专家滥用“自动测谎仪”导致的错案不会是小数目。笔者以为，当法律工作者在讨论心理测试技术鉴定结论的证据价值时，首先有必要对上述问题进行深入的了解和把握。

三

我国的心理测试技术起步现状，除了在实案测试上存在的问题以外，在心测仪器的技术标准、生产认证和心理测试员的培训、心理测试规范等方面，也是比较混乱的。

实事求是地讲，我国目前对心理测试仪的生产、销售、维修尚无国家法律的强制规定。有人想内部出一本《多道心理测试系统通用技术规范》的小册子，试图想对仪器的呼吸、血压、皮电等技术指标作出规范，但是研制仪器的相关专业人员说，这个规范标准存在的问题相当的多，根本不可能执行，只能引起混乱。比如，其中列出的呼吸指标，要求量程≤ 200 次 / 秒，怎么可能有人一秒钟做 200 次呼吸呢?

目前，国内生产此类仪器的大大小小公司有六七家。这还不包括从境外不同渠道买进的国外仪器。据不完全统计，各地现有不同质量、型号的心理测试仪近千台，在这些仪器中主要分自动和可调控两类。笔者在实案测试中曾做过调查：那些不同型号自动测试仪，普遍缺乏试验样本检验数据；违背心理学、生物电子学的研究规律；无视中国人与外国人之间身心差异，不尊重案件类型客观差异等。

可以说，国内抄仿国外“自动测谎仪”的厂家，仪器硬件软件都缺乏科学依据。其一，没有中国人实测大样本预研基础，直接照国外仪器仿制，不顾造成大量冤错案的事实。其二，无视人与人心理生理存在差异和变化规律，而假设人的脑电、皮电、呼吸、血压无差异或仅几档差异。其三，无视中外文化、民族差异，无视中外人的心理特征、心理状态、心理过程存在差异和变异的规律，假定心理差异可忽略不计，或说什么“把复杂问题简单化”。其四，不顾中国政法不同部门的案件和应用领域差别，假设案件都是一个模式、编题可用一个模版等。其五，自动评分软件千人一个样，千案一个样，导致大量冤假错案和无结论案。

如此照搬抄仿下去，心理测试还不如掷硬币或掷骰子的结果清晰明确。笔者这样说的依据非常简单：尽管今天的人类可以计算出天体运行的轨道，但迄今为止却根本做不到自动记录并自动计算出个体心理、生理的差别与变异，更做不到自动评分及评判。这些自动测试仪器所记录的信号、数据，实际上掺杂了许多无法辨明的因素，由仪器自动来对这样的数据进行评判和解释，根本无法保证办案的科学性，结果只能导致冤假错案的发生。笔者了解到，许多政法单位挤出大量经费购买了多家公司推销的自动仪器，但在实测办案中屡出错案而不敢再使用，只好将自动仪器“闲置”。

我国从事心理测试人员的素质参差不齐，绝大多数没有相关专业的知识背景，更没有受到系统科学的技术培训。除了国家授权中国人民公安大学、甘肃政法学院合法专业系统培训资格以外，其他测试人均是由自动仪器公司短时培训速成的。据不完全统计，我国统计在册的心理测试人员约有 600 人，其中 80% 以上至今没有接受过正规系统培训。另外，近几年来，我国心理测试技术领域的急功近利、一哄而起之风愈演愈烈，从 2005 年 10 月开始，有人又搞起所谓的资格考试。这种考试，不仅未得到全国人大和国务院认可，而且实际运作也极不规范，如考前报名审核无条件限制；考试题先行公开辅导；考试过程存在大量舞弊等。

鉴于世界各国对心理测试技术在获取证据方面的有用性普遍持肯定态度，我国的这项技术的应用现状，急需国家立法部门制定相关法律规范。但是，我国近年进入这个领域人员的实际情况普遍是：从事此项技术的政法部门人员，缺乏合法的考核机制；主持测试的过程，缺乏客观性和公开性；对被测人使用的测试方法，很多人照搬使用美式测试方法；对案件当事人进行测试，没有符合规范的书面结论；出具测试结论的人，没有合法的专业技术职称；实案测试的全过程，存在违反诉讼法有关规定的情况等。比如，实案测试过程中，绝大多数的测试人员不按诉讼法规定，合法客观地进行心理动态分析，编制测试题目，进行测前心理谈话以及实测、评图等规范的程序，而是采取听汇报、看口供、测口供方式，模棱两可地进行图谱评判，得出的结论有 70% 是错误的和无结论的。笔者认为，这些问题的存在，最终将导致由所谓测谎技术造成的冤错案，还会继续大量地发生。这样的测谎结论又怎么可能成为法定证据？

四

经过二十多年的研究与实践，笔者认为，在中国办案实践中形成的犯罪心理测试技术，同物证技术如指纹鉴定、DNA 鉴定、笔迹鉴定、声纹鉴定、足迹鉴定结论很相似；有所不同是，物证鉴定技术是对人身特征及行为活动等物理痕迹的鉴定，而犯罪心理测试技术鉴定则是对人的心理活动痕迹的鉴定，获得的是心理痕迹事实。形式不同，本质一样。但有司法界人士认为，心理测试技术鉴定结论主观性强，不宜作为证据。而我们认为，从司法实践采用的证据看，含有主观认识特点的不是没有，比如证人证言，还有司法精神病鉴定、笔迹检验等，均带有主观特征，但这种特性并不影响其进入证据的范畴。事实上，心理测试技术是一种通过人 – 机结合得出的鉴定结论，其中既有客观因素（通过仪器记录下被测人的心理生物反应），又有主观因素（主测人对案件现场犯罪心理痕迹的客观分析及仪器测试结果的评判），其准确性确实有赖于主测人的专业水平。但是，像法医学鉴定、毒化检验、声纹鉴定、足迹鉴定，这些似乎是纯客观的科学鉴定，其准确性同样也与主测人的专业水平等密切相关。

从心理测试技术鉴定结论的特点看，它完全能够满足诉讼证据所应具备的条件。首先，诉讼证据的特点是针对事实有无的意见证据。中国的犯罪心理测试技术，检测的是心理事实的有或无。其次，诉讼证据的特征必须坚持同一性的认证过程，即同一的比对标准、同一的比对方法、同一的比对过程等。犯罪心理测试技术坚持对事不对人原则，按照案件客观现场进行动态心理分析，并在此基础上出题，用同一套题测试涉案嫌疑人，体现了同一性原则。但是，采用美国测谎的方法却不是这样，首先，它所检测的是口供的真假，即是否说谎。口供有可能真，也可能假，还有可能真假混杂，但是口供与客观证据不能划等号，即使说了假话也有可能与案件无关，这里面存在着许多难以区别的变数。其次，美式“测谎”根本不尊重同一性原则，按照口供出题，每个涉案人的口供都不一样，出的测试题也不一样。

中国心理测试技术经过多年教学科研和应用办案，客观上已经提出了应当由诉讼法律来规范的要求。但是，基于当前中国心理测试技术领域鱼龙混杂的状况，笔者认为，目前让其进入诉讼证据的条件还不成熟。当前，应该优先考虑的是从加强专业建设的角度，确立心理测试技术人员准入制度、确立仪器生产准入标准、确立科学心测理论和心测方法等，对心测结论评判合法有序规范以及心测结论使用合法有序规范等重大问题开展系统性研究。只有在这些问题得到基本解决以后，心理测试结论进入诉讼证据才可能是水到渠成、瓜熟蒂落。唯此，我国的诉讼证据建设，才能在保障人民群众合法权利的前提下，得到健康有序的发展。

（《证据科学》2008 年第 5 期第 16 卷）

四、经典案例：心理分析实证检测

中国心测测试办案人必须在四方面达标：一是掌握心理学等多学科知识技能；二是熟悉中国法律法规和相关司法解释；三是知晓中国侦查、审理和刑技办案常识；四是熟练适用华语民情心测六大阶段技术。心理测试结论作用，尚未获中国司法实务界一致认可。立法部门强调，心理测试结论不能作定罪量刑依据。心理测试，唯有检测心理痕迹并与物质证据相互印证，才可能为侦查、审判提供辅证。

案例一

1994 年，我和同事田新华、张祖丰、谢呈秋等，受某省人民检察院正式委托，主持研测中国检察院系统第一起使用 PGA 型心理测试仪的涉贪污犯罪疑难案。当时，全国检察院系统还未成立专门的反贪机构。这起案件确实属于典型疑难案件。

某市建设银行这起涉贪案，由市检察院接到银行保卫部门报案，称在银行转账过程中，发现有人对转账单、出账单、进账单连续作假，怀疑银行内部有人涉嫌贪污犯罪。此案先由市检察院立案，开始了侦查工作。在市检察院侦查过程中，文字检验时发现有一名会计的笔迹与涉案单据上的文字相像，于是马上将这名会计刑事拘留。但是，侦查审讯一段时间，嫌疑人始终不承认犯罪。最后，省检察院介入，也没有拿下来。检察院派人反复多次将文字检材送检，省级、地级多次做文检鉴定，都认定是这名会计的笔迹。据此，侦查推断这名会计伪造过出账单、进账单，后来又派人将银行的钱款据为己有。案件陷入僵局，相关文字检材，由省检察院派人送到了北京公安部物证鉴定中心。

公安部物证鉴定的文检结论是：相关文字检材有模仿形成特征。公安部物证文检鉴定结论，与省、市两级文检鉴定明显不一样。按照公安部专家建议，省检一名副检察长来到中国人民公安大学心理测试中心，特邀武伯欣、张祖丰、田新华等前往该市，对涉贪案嫌疑人（在押）做心理鉴定。

事实上，此案当时已被办得相当复杂，特别是多种人际关系都在起作用，甚至干扰到侦查和我们的心理测试工作。但我们察看发案环境后，首先对事不对人做犯罪心理痕迹动态分析，用认知综合测试法编题，在对在押嫌疑人做了 10 分钟测前心理访谈后，我们操作张祖丰、关世伟主研的 PGA 型心测仪，彻底排除了这名在押银行会计的涉案嫌疑。这个心测结论使省、市检察院的侦查办案人员大感意外和为难。因为此时，早就将这名会计办理了刑拘转逮捕措施，咋能释放他呢?

1993 年，我们就提出刑事案件心理鉴定在排除侦查锁定的嫌疑人后，必须用同一套题继续测谁是真正的违法者。同一套题目，必须平等地用于所有嫌疑人。换言之，主测人必须用同一套题目，继续测查真正违法者。因此，对该市建设银行这起涉贪案，我提出继续传唤其他嫌疑人的要求，传唤与贪污案有关联的人。测着测着，结果发现有银行领导涉案，同步图谱显示某行长涉案，某储蓄所长也涉案。然而此时，侦办此案的省市两级检察院研究后说，目前肯定不能查办某行长，某储蓄所长也不能办。

涉贪案只能“船到此处，暂时搁浅”。省、市两级检察院的侦查员也不好再说什么了。省检察院作出决定，先将在押会计取保候审，再报告省市党委领导，研究其后怎么办。我还记得清楚，当时我明确对检察官说：“这起涉贪案，心测技术已经给你们定了人。涉案嫌疑人中肯定包括某行长和某储蓄所长，没有他们两人，这起案件肯定干不成。”后来，该市公安局经过心测、测后谈话讯问两名同案冒名取款人，两名冒名取款人如实交代就是某行长主谋，由某行长模仿会计笔迹，伪造出账单和进账单，把钱转到某储蓄所长名下。正是他们指使这两个社会人冒名提款。此后，两个冒名提款人以诈骗罪被公诉判决。

因为教学科研工作繁忙，我未跟踪这起典型涉贪案的侦结。但是，通过心测技术应用，我们已将这起涉贪案件心理分析、心测检验、图谱评判得十分清楚准确。实践证明，我们所给出的心测鉴定结论非常正确。由此我认识到，凡是检察院、法院自侦或自诉案件，可能因人际关系更复杂，特别是因某些领导干部插手干预，极可能使疑难案件不能继续侦查或顺利破案。在近 30 年实测办案中，我体会到检察院侦查的案件，嫌疑人一般都有文化也很配合测试。但是，由于涉及的人际关系复杂，检察院自侦案件也较难取得突破。我认为，检察院自侦案件，先期侦查工作一定要做得到位，证据一定要较充分可靠，再根据需要进行心理测试鉴定，然后再采取刑事拘留、逮捕等强制措施。

案例二

20世纪90年代，北京东郊某酿酒厂周围，接连发生多起杀人奸尸、焚尸案。我受邀对发案环境做犯罪心理痕迹分析，基本判断作案人有不良成长经历，形成对年轻女性残忍和仇视，有病态人格特征。人格异常系列杀人案还显示：作案人杀害年轻女性以后，不仅马上奸尸，之后还焚尸、毁尸灭迹。这几起案件发案地，均在这家酒厂方圆 × 公里的范围。据此，侦查范围很快确定这个酒厂方圆 × 公里内有不良成长经历的人，如正常的独生子、未婚者或有一定心理生理缺陷的男性。初次作案年龄，或是45岁以上，或是30岁以下；而中间年龄段的人，可能性较小。

当时，我和张祖丰、谢呈秋一起，携带PGA型心理测试仪去做检测。我们和侦查员们一起对事不对人地编题，一起编制了50个测试题。经过测前心理访谈、实测提问操作、同步评图观察、测后系统评判等阶段，我们准确认定一名涉案犯罪嫌疑人。经过测后谈话和讯问，涉案嫌疑人主动供述。侦查员又搜出许多物证，案件取得突破。当时心理测试定的人是个25岁未婚男子。

此案使我至今难忘的是，在心理测试认定后涉案人的主动供述。他非常痛心地说，母亲在他2岁时，经常带他进女澡堂洗澡，洗澡时就知道男女不一样，觉得有意思。当他长到15岁时，因为猥亵一个女同学，被送进少年管教所。少管释放后，他克制不住性冲动，总是想找女人，而且看见年轻漂亮、身材娇好的女性就管不住自己。他几乎天天晚上要找年轻女人宣泄，其性动机长期处在一种病理亢进状态。当时，出于研创中国心理测试技术理论方法的需要，我与这个25岁未婚涉案男子，连续三天晚上都在朝阳分局预审科做几个小时的测后谈话。

为什么呢？白天，让涉案嫌疑人睡觉休息。我要在公安大学讲课，也需要抓紧睡好觉。测后，涉案嫌疑人非常愿意与我这个搞心理分析与心理测试的人进行“心交心谈话”。他痛哭流涕地告诉我：“说实话，我这个坏毛病，就是小时候我妈妈常带我到女浴池洗澡造成的。我小的时候看见女人的性器官跟我的长得不一样。我先是觉得好玩，后来就玩弄自己的生殖器，总想自己尝试玩个女孩，所以从小学二年级起，我学习就跟不上了，心里总想玩女同学。后来有一天下学以后，我堵住了一个女孩，把她裤子扒掉，非要人家同意玩玩。就这样，我不停地玩着，就玩儿进了少年管教所。从管教所出来，我还是管不住自己，又两次进少管所。等到15岁，我就犯了奸幼罪，被判三年有期徒刑。刑满释放后，我就想搞年龄大一点儿的漂亮女人了。”

这起北京东郊发生的人格病态系列杀人残害年轻女性案的被告人，早已认罪伏法了。然而，由于人的成长缺陷，进而导致人格病态者，到一定年龄开始连续实施杀人、奸尸、焚尸犯罪的事实，警醒着社会每一个善良人。犯罪心理痕迹分析知识技能，对科学识别病态人格者侵害年轻女性的系列案，对准确分析病态人格者的不良成长经历，对于认识客观存在的人格病态表现和与之相关的违法犯罪类型等，都具有重要的科学普及意义。

案例三

1996年7月，我又一次收到内蒙古呼和浩特市公安局邀请，与公安大学犯罪心理测试技术导师组成员王克峰、张祖丰等，摒弃国外“测谎说、测谎法”，应用适合国情的PGA型心理测试仪，采用我们自主研创的心理测试技术理论方法，协助内蒙古自治区公安厅和呼和浩特市局专案侦查员，成功分析、研测、侦破一起公安部挂号的1981年发生的一家五口人被杀害的疑难积案。说句心里话，此案之前，我们从未接到过、测试过或在实验室内检测过15年前违法犯罪人的心理痕迹。

这一起15年前发生的杀害5人的积案，虽有案发时的现场勘查材料和法医尸检报告，但没有确切嫌疑人方向；虽有足迹、凶器等物证，但缺乏明确作案因素、作案时间等的分析判断。但我们坚信，涉案嫌疑人唯一客观存在并可以用心理测试仪重复检验观察辨识的，正是他在15年前动态作案过程中形成的特殊深刻的犯罪心理痕迹。我们认为，唯有真正的犯罪嫌疑人，在作案人的认知心理生理反映上，才有与15年前杀5人凶杀案相关、独特的心理痕迹表征。简而言之，“谁涉案，谁自知”。

我们到达呼和浩特市后，第一步，对发案环境做犯罪心理痕迹动态分析。第二步，对事不对人地客观编制同一套测试问题。第三步，是10分钟的测前心理访谈。第四步，安装仪器设备，实际操作心测仪，对15年期间多次被怀疑、调查过的6名嫌疑人逐一传唤进行心理检测。第五步，实时同步图谱评判、同步观察辨识，很快就排除了

1981 年发案以后确定的 5 名重点嫌疑人，最后我们用同一套题目准确认定了被害人的大女婿李某是 15 年前积案的犯罪嫌疑人。

1995 年起，我们摒弃国外“测谎”那一套，开始用自主研创的检测心理痕迹理论（PMD）和认知综合测试方法（CCT）办案。我们认定嫌疑人李某的心理生理反映图谱，清晰反映出当年的杀人动机、杀人顺序、作案工具、案后掩盖行为，也清晰显示出李某在 15 年后测试时的心理状态等。当时，我们问“作案的人事后记得去哪儿吗，是去了亲戚家、是去了朋友家、是回到自己家、是去了别的地方”等问题（这些属于人的自我认知的方位知觉检测）。犯罪人李某的心测图谱，清晰并重复地反映出来——作案以后，他回到了自己家。

据此，专案组侦查员马上又获取了许多重要的证据。根据心理测试技术已知作案人的犯罪心理痕迹，我们与侦查人员一起经过 20 分钟的测后谈话，作案人如实交代了 15 年前因家庭琐事激情杀害岳父一家五口人的犯罪事实。我们应用中国心理测试技术，使 15 年前疑难积案顺利审结，作案人被判处死刑。

案例四

1998年，中国南方某商业银行，发生一起31.5万元港币特大失款案。这起案件曾惊动中央高层领导人，因为它是一起典型的“四无”案件：一无特定发案现场和物质痕迹，二无具体发案时间，三无具体丢钱的方位，四无确切嫌疑人的范围。

在公安局、检察院都无从下手侦查的情况下，上级派武伯欣前往杭州，带领政法心测员张宇华、胡新全、赵志军等，对发案环境进行犯罪心理痕迹动态分析后，用“检测心理痕迹”理论和认知综合法编题，使用同一套题目，经过几轮测试，在该商业银行排查的内部嫌疑人中，准确将已被监视居住20天的7名银行女营业员排除掉，又从数十名其他嫌疑人里，准确认定一名男性作案人。更令办案人员感到震惊的，是在涉案嫌疑人尚未供述时，武伯欣根据心测图谱反映的犯罪心理痕迹要点，指导专案组派出侦查员，前往心理反映的两个空间方位，准确起获了作案以后藏匿的30多万元港币赃款。

此案心理测试，犯罪心理痕迹分析的正是违法者犯罪心理的独特性。这种独特性，既是主测人把握的重点，又能为编题找到大方向。例如，公检法受理的刑事案件，经常因不能确定嫌疑人而无法开展调查工作。此时用心理测试技术，检测多个嫌疑人很容易，很快就能排除无辜认定涉案人。然而，国外“测谎”那一套就根本做不到。在南方某银行发案环境中，没有客观物质痕迹，但有客观心理痕迹。可以说，我们早就不再“测人说谎与否”。我们用自主研创的心理测试技术，坚持同一标准，用同一套问题检测所有嫌疑人，犯罪心理痕迹的可重复性和心理事实真相必会使作案人清晰显见。

1999 年，中国辽宁阜新市某商业银行金库发生一起巨额现金库包不翼而飞的案件。我和同事丁同春乘汽车赶到阜新市。我们与辽宁心测技术学员马长山、吴忠兴、刘磐山等，首先察看发案环境（并非局限在金库、银行等现场）。然后，我们和专案侦查员一起讨论，一起对此案做犯罪心理痕迹动态分析，与侦查员一起用认知综合检测法三种方法编测试题。

例如，我们问的有一组自我认知时间知觉题：银行库包是几个月前丢的，是个把月前丢的，是案发前几天丢的，是报案前一天丢的？这一组时间知觉题，对于无辜者，不论主测人怎么问，始终不会对何时丢的问题有心理生理反映；但对于偷拿商业银行现金库包的作案人，其犯罪心理痕迹反映肯定最强烈。这个疑难案，我们共编了 9 组 49 个问题。随后，我们经过一天时间，用同一套题目进行检验，在排除了 15 名嫌疑人后，准确认定是该银行运钞车当班司机作的案。其犯罪心理痕迹反映图谱显示：某日晚入库前，该司机趁卸车混乱匿藏了这个巨额款包。根据心测图谱反映，侦查员在司机家的木板墙里起获了全部赃款。

案例五

1998年7月，深圳南山公安分局又邀请我尽快飞到深圳，研测一起失足女李某被杀死在自己家的疑难案。在完成公安大学教学任务后，我马上飞到深圳，与当时南山分局心测技术专家陈浩、冯海东一起，首先察看发案环境，与专案组侦查员一起对案件做犯罪心理痕迹动态分析。

这名失足女家住福田区，自己买了楼房，自己一人住。邻居反映该女人很漂亮，交往的男人几乎都是干部模样。该女被害后，福田公安分局已排查拘留了8个与该女来往密切的人。由于尸体腐败，现场发现得晚，有的人甚至传说该女人尸体腐败后，景象有如国外某部惊悚小说一样。该女死后胸口部位，被作案人放置一个佛龛，似乎是想压住什么。经过犯罪心理痕迹动态分析，我们依据心理痕迹要点，用认知综合测试法（CCT）编了同一套54个问题。我们逐一传唤着每个嫌疑人，逐一进行测前心理访谈，逐一进行实测操作和同步评图。

经过几小时的测试，依据同一套问题实测图谱和同步观察辨识，我们准确排除了与被害人有性关系和金钱来往的8个人。根据心测结论，我们推断此案应是与该女关系密切且新近交往的男人作案；作案人杀人之前与该女应有接触，杀人后匆忙逃逸并放置佛龛。作案动机、因素应是贪图该女钱财、喜好搞迷信活动，与该女产生矛盾，激情状态将其杀害。因此，动态分析犯罪心理痕迹外化的表征，有助于心测员和侦查员更准确把握案件，缩小侦查范围。此案后续侦查破案结果，充分证明我们做的心理分析、心理测试排除8个人的结论和测后分析判断都是正确的。

案例六

1999 年 2 月 13 日，除夕前夜。农历新年的味道已经越来越浓重起来。然而，就在这天夜里，通辽某洗浴中心的老板、年仅 31 岁单身独居的刘某竟然惨遭不幸，被人杀死在某小区 16 号楼某单元 5 楼的家中。刘某身中 59 刀，其状态惨不忍睹，很显然杀人者是为了泄愤。事发后，据周围证人讲，当晚 10 点多听到有人敲刘某家的门，后来，听到关门、下楼杂乱的脚步声。公安机关由此断定，刘某是当夜 10 点多被害，而且可能不是一人所为。此案立即轰动了全城。

这一起杀人案，从 1999 年除夕前一夜发生，经过警方法医检验和现场勘查，经过心测技术和侦查员的共同努力，经过与嫌疑人三个回合的斗智斗勇，通辽市科尔沁区公安局终于在五年后擒获雇凶杀人案五名犯罪嫌疑人。至此，内蒙古自治区公安厅督办的疑难大案，五年之后被成功侦破。

第一回合，侦查、勘查工作因缺乏证据而收兵。被害人刘某在通辽市也算是一个颇有些名气的人，社会关系比较复杂。公安机关立案后立即展开排查，经过侦查分析，认定江某和段某某可能是主要嫌疑人。江某姐姐江某薇与刘某的关系早已不是什么秘密，而江某姐夫段某某，曾与刘某在生意上有合作关系。所以，专案组决定以江某为突破口。尽管嫌疑突出，然而侦查、勘查工作证据不足，江某又拒不承认任何事实，因缺乏有力证据，使这桩命案搁浅了。尽管办案人员急得直跺脚，但仍无计可施。

第二回合，心测技术锁定元凶并确认心理事实。时间转眼到了

2001年5月。此时，耿所长刚由派出所调到市区公安分局刑警大队任大队长。在积压案卷中，耿大队看到了这桩曾经轰动一时的人命案。职业和正义，使他决定重新抓住线索，争取突破此案。2001年11月，经过缜密侦查，得知嫌疑人江某已在湖南岳阳落脚。耿大队立即派两名侦查员前往湖南岳阳。在当地警方协助下，侦查员很快掌握了嫌疑人江某的行踪，并在一天晚上将正在酒店聚会的江某抓获。当两名侦查员带江某将上火车返回通辽时，遭到江某亲属及朋友多人的围攻。后经两名侦查员机警周旋，终于将嫌疑人江某安全带回了发案地。

嫌疑人江某被带回后，专案组经过仔细了解和研究，科尔沁区公安局决定在通辽市第一次使用心理测试技术手段，争取突破嫌疑人的心理防线。于是，耿大队专程来到北京，邀请中国人民公安大学犯罪心理痕迹分析、心理测试技术专家武伯欣与丁同春一起来到通辽，准备对嫌疑人江某进行心理检测鉴定。在经过察看发案环境、犯罪心理痕迹动态分析、认知综合法编题以后，我们使用同一套问题进行三遍检测，根据同步观察和心理生理反映图谱，最后确认此案系江某等五个人合伙所为。面对心理检测技术的鉴定，江某的精神快要崩溃了，眼看案情就要水落石出了。12月6日，江某趁看守警员洗脸吃饭之机，竟然从二楼窗口跳出来，逃之夭夭。即将浮出水面的线索，再一次中断了。但有心测结论的强大支持，通辽市的侦查员坚定了必胜信心。

第三回合，心理痕迹反映的五名真凶全部落网。要想早日抓到江某，最好的办法就是网上追逃，但若网上追捕江某，必须有充足的证据。经过认真调查，发现江某用他人身份证购买手机卡欠费2000多元，这一违法线索让办案民警精神一振，以此为侦查依据，网上追逃江某。此案引起公安局党委高度重视。公安局长几次听取汇报、分析案情，叮嘱办案民警们不可掉以轻心，绝不能前功尽弃。

2003 年 10 月 15 日又传来消息，网上通缉嫌疑人江某在某市又一次被抓获。耿大队总结经验，在局党委支持下，与民警们周密商定下步侦查审讯方案。经再次向部里请示，请来相关三名专家，采取多种专业手段，终于攻破江某的心理防线。11 月 26 日，焦急等待的耿大队接到异地传来消息，江某的心理防线已被攻破，可以抓捕其姐夫段某某。

此前，江某的姐夫段某某已从湖南岳阳回到家。段某某几次来刑警队，以给江某聘请律师为由伺机打探案情。当晚 7 时许，耿大队以谈江某案为由，将正在用餐的段某某叫到刑警大队，并安排两名刑警将其抓获。随着段某某被抓获，这起命案的全部案情真相大白。

11 月 27 日清晨 4 点，刑警分队长齐队长、马队长带领侦察员，分兵两路将新婚不久的仲某某抓捕归案。根据侦查所得，经与湖南岳阳警方联系，将另一嫌疑人霍某某抓获。另一岳阳籍嫌疑人景某仍然在逃。耿大队等人赶赴湖南办案期间，局长多次打电话询问案情，鼓舞民警士气。在押解霍某某离开岳阳时，又发生了一段小插曲。当地警方开车抵达岳阳火车站时，霍某某家族 30 多人早已等候在此。耿大队长沉着冷静地与霍某某的姐姐谈话交涉，对方仍强词夺理。为防不测，办案刑警并没有在岳阳站将霍某某押上车，而是取道长沙，登上了另一趟北上的列车。

至此，经过五年时间不懈努力，这起内蒙古自治区公安厅督办、轰动一时的通辽市第一起雇凶杀人案，在心理测试技术成功协助下，在专案组和局领导的共同努力下宣布告破。根据犯罪嫌疑人交代，被害人刘某是段某某的朋友，也是江某薇的相好，而且一度还是生意上的合作伙伴。刘某把资金投在段某某的生意上却疏于管理。久而久之，刘某发现自己遭了段某某的暗算并与其计较，直到后来发展到口角相恶。刘某还指着段某某的鼻子叫板，“是男人，我敢承认睡过你老婆。你是男人，你敢承认你暗算我吗？”两个人的矛盾由此开始升级。

屈辱和仇恨，在段某某心中生长成一个恶毒的计划。段某某（1969年出生）找到其妻弟江某（1970年出生），历数了刘某的行径，并以家族的声名为借口，希望江某帮助他除掉刘某，几经犹豫，江某决定帮助姐夫实施这一计划。后来，江某找到在娱乐城开啤酒机的湖南岳阳籍人霍某某（1971年出生）、景某（1974年出生）和同在娱乐城打架子鼓的本地人仲某某（1977年出生），答应给他们十万块钱，让他们帮助除掉刘某。正所谓物以类聚，人以群分，几个臭味相投的朋友竟一拍即合。其间，景某竟专程前往四川买了一把手枪，准备打冷枪干掉刘某，但经过几次秘谋，感觉用枪射击声音太大，也不容易脱身，便决定改用刀杀害刘某。案发当晚，江某提前买好了几个人去湖南岳阳的火车票，在家里等候他们的回音。段某某带领仲某某、霍某某、景某分乘两辆出租车直奔刘某住处，极其残忍地将其杀害。

心理测试技术，是检测人有无违法心理痕迹；并非检测人说谎。内蒙古自治区公安厅及通辽市刑警，从这起杀人案被心测确认五人合伙，到五年以后被侦破事实中，受到了启发。2004年起，通辽市、区公安局选派张波、冯权、姚春天等刑警，多年师从武伯欣教授学习和实践。如今，通辽市公安局心理测试中心的实测办案准确率已达到优等水平。

案例七

2007年秋，受中国法医学会物证鉴定中心委派，武伯欣组织湖南省心测专家李旭、河南南阳市公安局法医兼心测专家马伟，一起前往湖南省湘潭市，为湖南省高级人民法院正式委托中国法医学会的二审死刑复核案（杀人案）两名男性被告人，进行二审死刑复核的心理测试鉴定。事实上，对已被判刑的被告人使用心理测试技术鉴定，实测办案难度比侦查阶段大。

尽管此案是在几年前发生的，当时湘潭大学内发案现场也早已不复存在了。但搞心理测试的人，仍然必须反复身临其境察看当年的发案环境，仍然必须进行对事不对人的犯罪心理痕迹动态分析。我们的理论依据是：犯罪心理痕迹，指违法者特有、内隐及外显出来的心理活动的表征。我们三个主测人与湖南省高级法院领导和办案人一起分析讨论，一起推敲湖南方言特点，一起为两名在押被告人编制了同一套共同使用的心测问题。

我们几个主测人认为：案发当时，两被告人的案前行为活动、因素动机等可能有许多不同，但他们对于实施杀人的时间、动作、过程、体验，对于致死被害人后的掩盖、逃避侦查等违法认知，理应都有共同犯罪心理痕迹。为了保证客观公正地进行检测，我们连续几天时间，亲自督促看守所民警，让两名在押被告人吃好、休息好。在两个被告人完全恢复体能以后，心理测试鉴定才正式开始做。我们三个主测人与省高院领导和办案法官，在同一间测试房间内，一起见证了心理测试全过程。

然而，让我们几人谁都没有料到的是，主测人用同一套问题各连续提问三遍，分别对同一案件两名被告人进行检测，得出的结论却是：一名被告人陈某是杀人犯，另一名曾某某是无辜者。我们操作的是身经百战的国产 PGA99 型心理测试仪，同步记录的心理生理反应表征的心理事实是：真凶杀人作案人被刑事拘留后，故意做了虚假供述，栽赃陷害名叫曾某某的同学无辜者。无辜者曾某，不仅对违法过程认知心测题毫无相关反应，而且对自我认知题、现时心态题也毫无相关反应。此案件后来，呈报最高人民法院批准，将无辜被告人曾某无罪释放；而经心测技术认定的真凶被告人陈某，终审改判为无期徒刑。

案例八

2002 年夏，中国河南省鹤壁市老城区，发生一起地级市房管局某局长被人杀害案。平时，某局长晚饭后，习惯在从家至单位的路上散步。然而，在一天晚饭后，他在散步回来的路上（离自己住家 100 米左右）被人持刀杀害了。河南省公安厅和鹤壁市公安局两级侦查部门，对地市级领导干部被害案都非常重视，现场勘查和法医检验做得很到位，调查摸排出很多有嫌疑的干部，还有社会无业人员。但是，经过几个月的工作，未能将此案侦破，因此形成疑难。

当年，河南鹤壁市公安局主管刑侦的是石广生局长，他专程开车到中国人民公安大学求助。经当时校领导孙中国批准，武伯欣带领公安大学犯罪心理测试技术方向 2000 级硕士研究生许宏伟、赵可欣二人，携带心理测试仪设备，与石局长等一起乘汽车来到了发案地。在简单听取前期工作情况后，我们当天晚上就和石局长等来到包括中心现场在内的案发周围，身临其境地察看发案环境。被害的市房管局局长，中年力壮、人高马大，一般情况下，一个人很难将其制服；案发周围环境都在市区内；被害人死亡的位置，就在距离自己家 100 米左右的胡同里。

我们察看发案环境，是为了根据犯罪心理痕迹动态分析案件。我的笔记本记载着：与被害人互动行为表征，此案似为两人以上合伙实施；死者身体受伤情况及伤口位置、数量动态过程复原，表征作案人当时相互配合时心理行为较为慌乱；死者当时反抗动作大，且很长时间后才倒地死亡，研判不像行为老辣的作案人所为……根据犯罪心理痕迹动态分析表征，我当时分析认为，这个案件，客观存在有人幕后指使雇凶可能性。被害局长 40 多岁，一人对付两人以上，能够维持这么长时间，杀人者不像有深仇大恨动机宣泄，很像作案人是替他人完成某种任务一样。因此我进一步分析，犯罪动机发动者和犯罪行为执行者若是同一人时，其作案动作强度、行为力度和心理支撑的表征强很多；但受人指使雇佣的作案人，其行为动作表征得则差一些。

中国心理测试技术，强调心测员必须察看发案环境，必须会做犯罪心理痕迹动态分析。犯罪心理痕迹分析客观到位，用心测仪检测犯罪心理痕迹自然就客观充分。我们和侦查员一起，对事不对人用认知综合法编写同一套题，在侦查员在场的情况下，开始传唤需要做心理测试的干部。测前心理访谈，是使真正无辜者打消顾虑。经过心理测试操作，通过观察辨识同步评图，我们排除了多条嫌疑线索的十几个领导干部。最后，我们用同一套题目检测，准确认定了一名主谋作案、雇凶的犯罪嫌疑人。

测后谈话与讯问阶段工作进展得非常顺利。犯罪嫌疑人主动交代材料表明：凶杀案发生时，雇凶者在自家院子里喝茶、与隔壁邻居在下象棋。正是他，未亲自到杀人现场，却遥控、指使自己亲儿子找两个外地人。在那天晚饭后，三人一起尾随、拦截该局长，多人连续持刀伤害致死了被害人……这起地市级领导被人雇凶伤害致死的疑难案，终于在中国心测技术及时协助下顺利侦破了。此案的犯罪嫌疑人共四人。最后，四人分别被判处死刑或有期徒刑。

案例九

2003 年，我因积劳成疾住院，在等待做肝移植手术时遇到一起疑难案；2009 年，我做肝移植手术出院后，又接到一起相似的疑难案。令人难忘的是，我带领正规培养的心测学生，协助陕西渭南市公安局、黑龙江红兴隆农场公安局，成功侦破了这两起一无犯罪现场、二无物证痕迹、三无作案时间、四无确切嫌疑人的“四无”疑难案。

这两起连续上访到公安部信访局的案件，我先听了部信访局同志介绍，又看了基本案情报告，确实都是没有侦查、勘查和法医物证检验的“疑似人已失踪被害的案件”。犯罪现场、嫌疑人范围、痕迹物证、准确发案时间等刑事立案条件一个都没有，刑事侦查人员经常说的因素、动机、怀疑依据等一个也不清楚。但我相信，对事不对人分析和检测，唯一有的就是违法者独有的犯罪心理痕迹。只要有涉案犯罪嫌疑人，必然存在着与案件相关的、独特的犯罪心理痕迹。正所谓“谁涉案，谁自知”。

2003 年，陕西渭南某县城，一老妇人一直多年上访，一直声称自己女儿失踪多年，一直怀疑是有人把女儿害了。当时，我从医院出来，带领陕西心测技术学员李大鹏、杜玉莲、李宾卓等人，经过对事不对人做心理痕迹动态分析，用认知综合法编题，实验操作检测。我们发现，老妇人的女婿系涉案人，心测图谱反映她女儿当年因吵架，被女婿掐压致死，当晚，就被女婿用摩托车弄到乡下去了。随后，我们又编制了一套微观问题，主要问老妇人女婿，被害人具体弄到乡下什么地方了，是亲戚家、朋友家，是土埋了，还是藏在地窖里了，等等。这两套知情心理测试问题，大多属于检测人的自我方位认知。对女婿的测试图谱反映，是藏在地窖里，放在亲戚家。据此一查，侦查员在女婿母亲家地窖里，发现了白骨化的尸体，DNA 鉴定就是老妇人之女。

2009 年，我做全肝移植手术出院后已经四年。公安部信访局又接到黑龙江红兴隆农管局某农场一老妇人连续到京上访。这位老妇人连续上访了 13 年，一直声称自己嫁出去的女儿，13 年前的一天中午突然失踪，疑似已被害多年。我受命拖着肝移植术后的身体，组织带领通辽市公安局心理测试中心张波、黑龙江省警院的连昊等人前往，依然是对事不对人进行犯罪心理痕迹动态分析，依然是认知综合法编题，依然是测前心理访谈。在心理检测排除了多名农场干部、职工嫌疑后，我们发现，上访老妇人的亲家母、失踪女人的丈夫和大伯哥三人都是涉案知情人。根据实测图谱反映的心理痕迹，测后谈话讯问很顺利。过失伤害作案人、知情人和包庇者，很快就如实交代了违法犯罪事实。办案刑警在老妇人亲家母家菜园里，挖出了被埋藏 13 年之久的女人的尸骨。经过 DNA 鉴定，证明就是老妇人的女儿。

案例十

2000 年秋，中国人民公安大学校办接到江苏省高级人民法院电传委托，校领导派我组织公安大学济铁心理测试分中心苏剑君、王大可等前往南京、宜兴等地，参与复核江苏高院刑一庭的一起二审死刑犯的心理鉴定，被告人 45 岁，男，被控诱奸、杀害女童并抛尸小山上。此案件委托中国人民公安大学做心理测试，主要因被告翻供并否认自己犯罪，进而导致证据链条欠缺而要求心理测试辅助。

我们认为，不论什么诉讼阶段的案件，心理测试都必须对事不对人，都必须严格遵循心测六个技术阶段进行。我们几个人到达宜兴发案小镇，相互拉拽着爬小山，到达了遍布坟茔的“第一现场”。在察看发案环境后，我们做犯罪心理痕迹动态分析时，认为诱奸、杀害女童的现场与抛尸坟茔现场有可能不是一个。换言之，犯罪人诱奸、杀害女童的地点，可能在坟茔现场附近的其他地方。我们推断，作案人事后将死尸移到这个被人发现、技术勘查的现场。

察看发案环境和犯罪心理痕迹动态分析，我们几人为何得出这种判断呢？因为我们认为，作案人诱惑控制女童，急于将她带上山猥亵、玩弄，但因女童反抗而致死女童。这个遍布坟茔之处，是人热衷猥亵、玩弄女童的地方吗？我们判断此案可能有未被发现的第一现场，抛尸只是第二现场。随后经过编题、访谈、检测、测后谈话，被告人不仅痛哭流涕，主动交代确有第一现场，还主动带侦查员去指认、挖出新的物证。最后，被告人真诚忏悔并主动认罪伏法。

案例十一

1999 年 10 月，我受邀和早年培养的湖北公安心测学员干永安、夏邦祥，到长江流域某地级市，分析检测一起被“测谎 + 突审”得到口供，继而侦查终结、批捕起诉，已两次被退回补充侦查的 20 岁女青年被杀害疑难命案。我们三人抵达当地，在首先察看发案环境后，看着一米多厚的侦查、审讯、起诉卷宗，听着办案检察官和刑警关于案情的详细介绍，都陷入了深思之中。被告嫌疑人是一个 21 岁的男青年，某县农机公司职员。被害女青年是 21 岁男青年交往的女友，20 岁。案件发生在炎热的夏夜，即案发前一天的晚饭后，女青年从市区家中出发，乘公交车，路过一座大桥，到男友县城工作单位住地去赴约会。有调查多名目击证人的证言，看见两个年轻人在亲密接吻，卿卿我我地搂抱在一起……而就在当天夜晚 11 点多钟以后，女青年被人杀死在返回市区必经的大桥侧面的土坡旁边。

我当时反复翻看着现场勘查卷和法医检验卷，照片能够清晰地看到，被害女青年的双侧乳房、胸部集中有 20 多处刀刺创口；被害女青年的裙子上翻，内裤被人脱至双膝处，裸露出肛门和阴部；被害女青年的死亡姿势，似是死后被人移动、摆弄，最后跪倒在土坡旁。由于案发当晚的后半夜下雨，现场形态和痕迹受到风吹雨淋的破坏。我当时就直言不讳地对负责办案的检察官、刑警说：“这起疑难案件，能肯定是患有虐待狂和窥阴癖的性病态心理者一手做的。”

紧接着，我们和办案检察官、刑警，又一起察看发案环境，一起做心理痕迹动态分析，一起用认知综合检测法编题，一起做测前心理访谈，一起用心测仪实测嫌疑人，一起同步评图测后评图，得出心理检测结论是：可以排除被告嫌疑人实施杀害女青年的行为。我们对办案检察官、刑警说，已被逮捕、起诉的这个男性嫌疑人，肯定与他的20 岁女友被害案件没有任何关系。当地的办案检察官和公安局办案刑警，对我们做出心测鉴定排除被害人男友的结论，起初感到如遭棒喝，每个办案人都不愿意相信这个结果。

听了测后我给各位做的犯罪心理与心测图谱分析，大家才半信半疑地认可了心测结论。随后，大家还是按照心理分析检测结论的要求，立刻排查在案发前后时段内，距离那座大桥附近的，临时或单独居住的 20 岁至 50 岁的男性嫌疑人。正可谓“法网恢恢，疏而不漏”。经过市县两级公安刑警的辛勤工作，很快排查出了符合条件的三名嫌疑人。我们用同一套题目接着检测，在排除两个人后，认定了一名 29 岁的已婚男子。这个男子，家有妻子和小儿子，结婚已三年，刚生育一个男孩。案发时，男子正在大桥附近一个建筑工地里值夜班看大门。心测仪同步记录的反映图谱显示，杀害女青年以后，他一直很后悔，一直想讲清楚；杀害女青年，自我认知自己有毛病，是自己一个人干的；看到女青年跑过来，他冲上去拦住女青年；女青年很害怕，大声喊叫；他拿着水果刀，连续扎女青年胸部；那个女青年被扎倒在地上，他便实施了非人的虐待……

根据心测技术鉴定结论，测后谈话与讯问进行得很顺利。这个嫌疑人很快就如实交代了当晚在工地看门、看见女青年一人跑过来、自己冲动难耐、突然拦截并伤害女青年、实施虐待、最后窥阴的事实。办案人员，很快也找到犯罪嫌疑人作案时用的刀，技术检验有死者的血。刑警又调查嫌疑人的妻子，妻子也证实婚后发生性关系时，嫌疑人每次都有性虐待和窥阴癖的毛病，等等。

这起“误侦、误捕男青年疑难案”，在中国心测技术科学协助下，终于真相大白了。被刑拘、逮捕，被冤枉很长时间的男青年，被无罪释放后，主动找到我们表达感激之情。被冤枉的男青年泪流满面跪在地上磕着头。当时景况，令我们永生难忘。此情此景，已经成为砥砺我们继续自主研创中国心理检测技术理论方法的不竭动力。

案例十二

2010 年，武伯欣带领同事、学生在受邀做疑难案心理分析和心理测试时，又遇见一起“女女同性恋人”产生恋人之间矛盾，最终酿成因情杀人的案件。此前，我已在各地接触过若干起“男同”“女同”之间自残、自杀和残忍杀害对方的刑事案件。当然，中国在 2001 年以后，早就把同性恋排除在精神疾病名单之外。中国警方也不再处罚同性恋行为。但中国存在同性恋人间或涉及他人的案件，且近年有不断增多的趋势。因此我认为，仍应将同性恋心理行为作为人类性行为选择之一研究下去。

这起“女同”杀人案件，发生在某县级市。案件久侦未破，我受邀带两个研究生到达发案地。疑难案犯罪心理痕迹动态分析，必须要察看发案环境。这是一个两室一厅单元房，女被害人 28 岁，未婚，被害时衣着完整，无被猥亵或性侵迹象。其头顶部被凶手使用被害人的高跟鞋，连续打击致死亡。死者阴部无被性侵特征，但其处女膜显示陈旧性破裂，其手上、身上均无明显抵抗伤。心理检测技术，第一阶段是犯罪心理痕迹动态分析。我们看出了女被害人存在某种过错，即被熟识者在熟识环境下，因“男女双方”争执达到激情状态而出现持续不断的攻击行为。所以，应当优先考虑是“女同”嫌疑人伤害致死女被害人；其次才考虑男性熟人或性伴侣嫌疑人。在做心理痕迹动态分析之前，我们了解到警方排查出女被害人交往的两个男友、被害人姐夫共三个嫌疑人，经过本地“测谎员”用“自动测谎仪”测试，哪一个人都否定不了。但是，对我说的优先考虑“女同性恋人”伤害作案的可能性，办案领导和刑警都无心理准备。

因此，在心理痕迹分析基础上，心理检测技术，第二阶段是用认知综合检测法（CCT 法）编制“对事不对人”问题，即所有嫌疑人共用同一套题。与此案无相关心理痕迹的人，心理测试仪肯定准确将其排除。经过第三阶段的测前心理访谈、第四阶段的实测操作、第五阶段的同步图谱评判，原来确定的三个男嫌疑人被心理检测排除了。

与此同时，侦查员重新了解到，女被害人确实有个女性好友，现年 32 岁，至今未婚，是个普通职工。这个大龄女与女被害人交往多年。平日里，两人经常出双入对，亲密无间。刑警传唤这个女工，我们用同一套题目检测，发现她就是涉案嫌疑人。心测图谱显示：作案动机是被害人移情别恋，她们发生过多次争吵；这次两人又吵起来，作案人一气之下拿起被害人高跟鞋，用鞋跟连续打被害人头顶；被害人当时没反抗，被打得倒在床上，很快就没了呼吸。作案人心里当时既生气又很害怕，当时也想过把她送医院抢救。心测图谱也显示，她作案以后，直到心测现时心理状态都非常后悔，非常想主动地说清楚自己的错误。

研究生将皮肤电、呼吸、血压、脑电传感器去除后，心测技术第六阶段测后谈话与讯问开始。这个“女同”作案人哭得异常伤心，主动交代了全部犯罪事实。她说：“我从四五岁起，就始终与男孩穿衣打扮一样，脾气性格也和男孩子差不多，平日最爱玩男孩游戏。长大以后，自己只愿意穿戴男性化，只愿意和女孩子在一起，只愿意追女孩子和保护女孩子。自己与被害人在一起已经八年时间了，感情一直都不错。我最近两年多次劝说她，她开始不听我的了，非要和那两个男人搞对象。她欺骗我、背叛我，我生气就教训她，结果就出了事了。她死以后，我趁没人看见，好几次去她的坟上哭呀、哭呀，怎么也救不活了。”

从理论上说，这个“女同”作案人，属于典型的女真性同性恋，即自己生理是女人，但心理已改变自我性别认知，充当男性性别角色，日常性格和生活习惯形成男性动力定型。而被害女人属女假性同性恋，即自己生理是女人，心理未改变自我性别认知，日常性格和生活习惯仍保持女性特征。她虽然与“女同”保持关系，但她愿意与男孩交往，并有异性性关系。中国疑难案用心测技术，不能靠“美国准绳测谎法”，更不能靠“自动测谎仪”或大无畏的心态。中国心测技术圈每一个心测人，必须立足中华各民族、语言、文化大背景，必须立足华语民情，实时实地察看发案环境；必须掌握心理痕迹分析知识和技能，必须具备心理病违法案件分析检测的综合素质。

五、冤假错案："准绳测谎" 危害大

心理测试——公安部九大刑事技术之一。但，至今仍有人违反心理测试原理，抄仿国外"多道仪测谎"或"品性测谎"；仍有人违背华语民情，照搬国外"准绳测谎法"等办案。中国人与外国人的差异很大，靠抄袭国外"测谎说、信息说"，靠抄仿"准绳测谎法""自动测谎仪""自动评分软件"，靠偷装监控"激励测谎"或"品性测谎"，如果继续在公检法办案，肯定会测出越来越多的冤假错案。

案例一

2006 年，中国公安部刑侦局、陕西省公安厅刑侦处，邀请某市公安局刑科所“测谎专家”陈某某等，飞赴陕西省榆林市，对“2006 横山特大爆炸案”的嫌疑人使用心理测试手段检测。然而，陈某某等“测谎专家”，确实是徒有虚名。这起惊天大案发生以后，刑技人员经过夜以继日的工作，已侦调摸排出几个重点嫌疑人。但是，某市公安局刑科所“测谎专家”陈某某等，实在让所有人大跌眼镜。陈某某等携带着未经国家认证的“自动测谎仪”，仍然十分偏执地照搬抄仿国外“准绳测谎”那一套东西。

陈某某等关起门神秘地照国外“准绳测谎法”编“测谎题”，又关起门神秘地搞了一阵子“测谎”。随后，陈某某等依据“自动测谎仪、自动评分软件”算出的说谎率，草率地将侦查员艰苦工作排查出的 1 号嫌疑人马某某给否定了。按照陈某某当时说法，“1 号嫌疑人肯定没有说谎”。此时，公安部、省公安厅、榆林地市县组成的横山特大爆炸案专案组里，几乎没有人相信“测谎否定结论”。经过专案组会商，决定将已被“测谎专家”陈某某否定的 1 号重点嫌疑人，带到另一个房间，在工作基础上继续谈话和讯问。真可谓功夫不负有心人，在侦审人员的说服教育下，1 号嫌疑人马某某感到十分后悔，痛哭流涕供述了全部犯罪事实。这起全国挂号的特大爆炸案件，本来想在关键时刻请出心测技术帮下忙，却没想到请来个挂羊头卖狗肉的“李鬼测谎专家”。

这起险些被“李鬼测谎专家”帮倒忙的典型案例，引发公安部和一线侦查、审讯人员的强烈不满。这个案例已经成为全国法院系统业务培训教学的反面案例之一。

案例二

震惊全国乃至世界的中国云南昆明杜培武特大冤案，在 2000 年被国内外各大媒体曝光后，世人才知晓这起杀害两个民警的特大涉枪案件，在案发后的侦查、审讯、逮捕、审判过程中，先后两次对当时的嫌疑人、戒毒所民警杜培武使用过“自动测谎仪”。而先后两次主持“测谎”并最终酿成这起特大冤错案的主测人，一次是某科技情报所编辑、“测谎专家”杨某某，一次是某物理研究所退休职员、“从美国测谎学校毕业的专家”黄某某。

1998 年发案后，侦技工作并不顺利。第一次对杜培武进行“测谎”，是由美国商业测谎学校毕业的“测谎专家”黄某某等人，使用北京某公司仿造的“自动测谎仪”，闭门测了一阵子，结论认定“杜培武说了谎”，并且认为“两个警察（杜的妻子和其情夫）被枪杀，应是杜培武所为”。此时，昆明公安局侦查审讯人员坚信“测谎结论”，开始对杜培武采取刑讯逼供，使杜培武做了有罪供述。此案，经昆明市中级人民法院一审作出死刑判决，杜培武本人和辩护律师提交无罪辩护书，直指一审证据不足，要求改判无罪。

第二次对杜培武进行“测谎”，是云南省高级人民法院专程从北京请来“中国著名测谎专家”、某科技情报所的杨某某等人，使用北京某创公司的“自动测谎仪”，对杜培武又一次做了“测谎”，并向终审法庭出具了“专家意见书”，认定“杜培武说谎率高”“特大案件应是杜培武所为”。可以说，正是杨某某“测谎”并出具“专家意见书”，才促使云南省高院法官继续判决杜培武有罪。但因为作案枪支一直找不到，证据不足而改判死缓。被云南高院判决“死刑缓期二年”的杜培武和其辩护律师，一直都坚称无罪，一直都没有放弃向最高人民法院申诉。判决执行后，因贵州省刑警抓获了多名当年昆明枪杀两民警案的真凶，并起获了当年杀人手枪，才终于使身陷囹圄的杜培武彻底洗脱了“杀害两个警察”的罪名而重新恢复了自由。

案例三

2005年9月1日，河南省安阳汤阴县某村民张某某，被人杀死在自家卧室中。经侦查排查，找到嫌疑人失足女胡某某，经核对将其排除。后又经调查，抓获一名犯罪嫌疑人田某某，男，38岁，光棍，和死者张某某同村，平时游手好闲，有小偷小摸习惯。讯问时，田某某不承认是自己杀了张某某，连自己小偷小摸的事也拒不承认。汤阴县公安局决定对其“测谎”。经本地心测员做美式“测谎”，得出“既不能认定、也不能排除”的“测谎结论”。此后，又请来郑州某警院“测谎专家”刘某某，同样是美国式“测谎”，认定田某某“就是杀人犯”。河南省审讯专家郑文艺，讯问时发现疑点颇多且无法解释，故倾向排除田某某，拒绝再作深入讯问。

“2005·9·1”案侦查初始并没用心测技术。直到案件无法进行下一步工作时才想起用心理测试技术。汤阴县公安局在20世纪90年代曾邀请公安大学心测专家武伯欣教授协助并成功侦破过案件。因此，办案人期望通过心测技术给此案带来新转机。但因办案人不太了解中国心理测试技术与美国“测谎”那一套的本质区别，所以就近先请河南本地心测员协助。

实事求是地说，此案形成疑难并延误的原因，除了本地刑技鉴定血液的试剂失效，不能明确嫌疑人衣物上血迹是否为人血外，另一重要原因就是有两次“美式测谎”介入和“测谎结论”给帮了倒忙。在押嫌疑人田某某先后被做过三次心理测试。前两次，是用“自动测谎仪”认定“说谎”和“不结论”；第三次是中国心测鉴定：可排除田某某嫌疑。

在“2005·9·1”疑难案件中，美式“测谎结论”之所以错误，原因有三：一是所谓“测谎专家”，只听汇报、看卷宗，不会察看发案环境；二是用抄仿“自动测谎仪”，照搬美国“准绳测谎法”，缺乏办中国案经验；三是“测谎者”对疑难案，根本不懂先做犯罪心理痕迹动态分析。安阳市、县公安局决定，请武伯欣教授对此案做第三次测试。武教授等人第一步先察看发案环境；第二步按自主研创检测心理痕迹理论（PMD），坚持对事不对人原则，对“2005·9·1”案做犯罪心理痕迹动态分析；第三步用认知综合检测法（CCT 法）编题；第四步测前心理访谈；第五步、第六步经三遍心测仪检测和同步评图、测后综合评图，最终准确排除了田某某的涉案嫌疑。

武伯欣教授和学生，与专案组侦查员一起讨论，对案件所做的犯罪心理痕迹动态分析记录如下：

第一，被害人的头部多次被击打，但全身却无一处明显抵抗伤。特别是现场东墙上的被害人掌纹，表明被害人当时是站立姿势下扶墙形成。被害人在被打状态下不抵抗，系反常行为。第二，被害人当时没有呼救，周围邻居只听到了脚步声。假如被害人有呼救，邻居完全可以听到。

被害人为何不喊叫和不反抗？心理痕迹动态分析“被害人有过错，或有奸情可能性很大”。根据犯罪心理痕迹动态分析结果，武教授等人公开拟定了 52 个心测题目，又与侦查员一起，重新排查备测嫌疑人。一名叫杜某的嫌疑人被划入备测名单。经过同一套题目三遍检测，目标题与杜某的心理生理反应高度相关。武教授的心测鉴定结论是“可以认定杜某是‘2005·9·1’张某某被害案现场作案人”。

心测仪同步图谱显示心理反应是：作案是因与死者有矛盾；是有准备作案；当时没携带作案工具；是一个人作的案；是跟随死者进

入现场；作案时，听见了狗叫；大约晚10时进入现场；作案凶器是在院子里找的，作案凶器是死者家的；死者当时还没睡觉，穿衣服较少；作案人是击打头部，死者被打倒在沙发上；作案人当时手上沾了血，衣服上也有血；作案后用水冲洗现场血；把凶器拿走藏了起来；被害人也有责任；作案人现在想主动讲清问题说真话。

接着，武伯欣等主测人根据可调控PGA99型心理测试仪的科学检测结果，对侦查审讯人员提出了心测后的谈话讯问建议。河南省审讯专家郑文艺等人参考心理痕迹反应，根据补充侦查获得的新线索，在对杜某审讯中突出进行心理抚慰和动机升华谈话，杜某很快就痛哭流涕如实交代了作案事实。河南安阳“2005·9·1”杀人案，因两次被人照搬“自动测谎仪”和“准绳测谎法”误导，又因武伯欣教授应用中国自主研创心测技术及时参与案件，及时给予了纠正。

案例四

这一起最初草率使用外国“准绳测谎法”险些酿成的冤错案，虽然已被中国人民公安大学心测中心及时纠正，但至今我和同事、学生的心情都难以平静下来。

2002年11月，北京市门头沟区检察院起诉处处长专程来到中国人民公安大学心理测试中心，特邀武伯欣教授参与研办一起起诉阶段的疑难案件。这是一起经某市公安局刑科所的“测谎专家”陈某某等人煞有介事闭门使用“准绳法+激励法测谎”，险些酿成的冤错案。

当时，区检察院起诉处检察官介绍：在押被告人某某因夜晚破门入室强奸未遂遭被害女人报案，被区公安局抓获并刑事拘留，经过侦讯，某某做了有罪供述；区检察院也早已批捕。被告人某某以前曾有过强奸犯罪劣迹。但是，在区检察院起诉时，被告人某某突然推翻原来口供，坚称“自己那天晚上是去那女人家，是应那个女人之邀前往的”。区检察院起诉处出于慎重，找到某市局刑科所要求为被告某某进行“测谎”。然而，陈某某等人给的“测谎结论”是“被告某某没有说谎”。对这一结果，检察院颇感为难。如果被告某某没说谎，肯定是那女人说谎，则侦查审讯也可能有错误。

这又是一起被“测谎专家”测错的疑难案件。武伯欣带领顾红梅、张明艳两个研究生，仍一如既往到发案地察看发案环境，仍一如既往对事不对人地进行犯罪心理痕迹动态分析，仍一如既往用认知综合检测法，客观编制同一套题，对报案人、被告人依序做心理测试仪鉴定。我们首先对报案的女人测试，确认了被害人报案真实可信。接着，我们用同一套测试题，对已吃饱饭的在押被告人某某提问三遍，同步心理反应表明，被告人就是强奸未遂案现场作案人。让我们惊讶的是，心理测试刚结束，被告人某某就突然跪在地下大声说："上一次，他们问了我十几个题，逼着我一遍答是，一遍答不是。想不到，你们这次问50几个题，就好像你们跟着我作案一样，我现在真是心服口服了。"此案，被顺利公诉、审理、判决，被告人某某认罪伏法。

案例五

2000 年以后，震惊全国的河北唐山司法民警李久明冤案，在被媒体曝光出来以后，善良的人们才知道本案在侦查、审理过程中，也曾经对李久明使用过老百姓俗称的"测谎仪"。"测谎"，是由北京某自动测谎仪厂家速成"测谎专家"刘某某主持。"测谎结论"，认定李久明在说谎，认为李久明杀害了监狱同事的女儿。办案人员坚信"测谎结果"，对李久明采取刑讯指供诱供，最终迫使李久明作了有罪供述。经一审中级人民法院作出死刑判决，李久明和其辩护律师提出无罪辩护书，认为一审判决证据不足，要求改判无罪。河北省高级人民法院在二审过程中，突然发生"真凶再现"情况——案发地刑警发现新的作案嫌疑人。上诉被告人李久明二审才被改判无罪，当庭释放重获自由。

20 世纪 60 年代，美国曾有"测谎人"认为现时心理状态不可测。美国"测谎人"认为，人的现时心态变化大，不够稳定，是不能检测的。但是，从 20 世纪 90 年代以来，中国心理检测试技术教学实验和实测办案研究已经证明，人的现时心理状态是可测的。经过武伯欣带领同事、学生对 2000 多起疑难案件的检测，不仅确认了人的现时心态是可测的，还从心理测试技术的方法论角度，明确指出了现时心态检测方法的新特点，提高了现时心态检测的信度和效度。简单来说，无辜者和违法者在接受心理测试仪实测前，表现的心理状态已经截然不同。实案检测中，尽管无辜者、违法者都有生理紧张，但无辜者的心理状态普遍十分坦然；而违法者的心理状态、表征反应指标则非常强烈。

案例六

2001 年，全国各大媒体曝光一起安徽芜湖发生的刘明河冤错案，这又是由“测谎专家”杨某某、黄某某等人闭门测试，先草率认定刘明河“说谎”，随后就出现刑讯逼供，进而导致中级法院一审判决刘明河死刑。安徽省高级法院二审，才改判刘明河无罪。这一起亲自对刘明河进行“测谎”的“测谎专家”，正是曾到昆明主持过对杜培武“测谎”酿成特大冤错案的人。安徽芜湖刘明河冤错案被纠正后，令我心里非常欣喜。为什么欣喜呢？主要是由北京“自动测谎仪”厂家“测谎专家”短训速成的芜湖市局“测谎员”，直接给公安大学心测中心我本人打来电话，说：“我已经从刘明河等冤错案中醒悟过来了……”又一位心测学员能够及时醒悟，确实能避免产生新的冤错案。

用心理测试仪实测办案，其科学性和准确性为什么有天壤之别？我和同事、学生一致认为：除了心测仪硬软件有手控与自动等显著差别外，最关键的在于心理检测技术理论和方法是否科学。我带领同事、学生，实案研测经常发现，少数“测谎专家”及短训速成的“测谎员”，盲从美国“测谎假说测谎法”，即普遍用准绳测谎法、激励测谎法等。例如，20 世纪 40 年代美国的 J · 里德提出准绳问题测谎法，其生理学、心理学依据是行为主义心理学家华生的理论，即把人复杂的心理活动简单化、生物学化。美国的 J · 里德曾认为，人说谎时的紧张情绪，与仪器记录的生理指标变化是一对一的关系。这种机械、僵化的错误认识，必然导致对案件心理测试时出现的复杂心理活动变化统统都不考虑。美国的“准绳测谎法、激励测谎法”，肯定暴露其先验式、程式化的弊端。

用抄仿国外“自动测谎仪”和“准绳测谎法”来测中国案件中国人，在用于少量民事案或案情简单、嫌疑人较准的刑事案时，“测谎”那一套似乎能起点儿心理压力的作用;“测谎”那一套偶尔也能弄下来个把案件。但是，当侦查、审理遇到疑难、复杂案件，当侦查面对多个方向、多条线索、多名嫌疑人的情况下，国外“测谎”那一套必然陷入困境。“测谎”的结论，或模棱两可，或都排除不了，或错认无辜者为犯罪嫌疑人，进而导致“亡者归来”“真凶再现”“放纵疑犯”等冤假错案的发生。

案例七

2006 年，媒体又曝光一起“准绳测谎法、激励测谎法”造成的冤假错案。2005 年 9 月安徽巢湖市“虾笼四少年”被当地公安局的“测谎员”使用“自动测谎仪”，把一起杀人案件测成了冤错案。这起杀人命案由安徽巢湖当地公安局立案侦查。由于现场勘查条件不好，侦查陷入混沌状态。为了抓紧时间破案，办案领导决定让“北京某测谎专家”杨某某短训速成的本局“测谎员”，使用花了数十万人民币买来的“自动测谎仪”，对所谓嫌疑人进行“测谎”。巢湖本地的速成“测谎员”，照猫画虎地闭门编题，闭门“测谎”，马上就认定“虾笼四少年”说谎率高，马上就使侦查审讯人员出现了刑讯逼供、指供诱供。

随后，巢湖警方报请当地检察院批捕，准备公诉到市中级人民法院一审判决。巢湖市人民检察院办案人员对此案很负责任。他们发现，这起案件的主要问题是证据链缺失。主办检察官十分审慎，不止一次退侦，多次要求公安机关补充侦查。正当案件处于检察、公安来回争议期间，这起疑难命案的真正杀人凶手，被办案侦查员及时发现了。已被关押数月的犯罪嫌疑人“虾笼四少年”被公安机关无罪释放了。这起典型的速成“测谎员”用“自动测谎仪”造成的冤错案，与全国各地近些年频频被曝光的“测谎”导致冤错案一样：巢湖公安机关请来对“虾笼四少年”做“测谎”的人，就是酿成杜培武特大冤案的“测谎专家”和他所教的“测谎员”。实事求是分析，中国心测技术领域的教学、应用者，有人至今还相信“人说谎时情绪反应指标特定的测谎假说"；有人至今还相信"测谎假说和准绳测谎法"，照搬抄仿国外"自动测谎仪"，等等。这些名不符实的人，整天一门心思就为不择手段赚快钱，整天一门心思就为赚大钱卖"自动测谎仪"。已被这些人误导进过"短训速成测谎班"的人，根本学不会如何科学应用心理测试仪实测办案!

案例八

2008 年以来，我受邀带领通辽市张波、宿州市张忠义、黑龙江警察学院连昊等心测技术员，多次到黑龙江省、市、县和农垦总局，一共研测过十几起疑难案。其中，黑龙江某农场与饶河县接壤区发生的两起命案，因曾经被人“错误串并案 + 准绳测谎法”办成了未破案。由于我们及时赶到某农场，及时察看发案环境，及时进行对事不对人的犯罪心理痕迹动态分析，独立应用自主研创的检测心理痕迹理论（PMD）和认知综合检测三种方法（CCT）施测，不仅准确认定了涉案犯罪嫌疑人，还纠正了曾被“自动测谎仪 + 速成测谎员”测错的这两起未破积案。饶河县公安刑警大队长知晓心测结果后，重新独立工作，很快使本县积案得以侦破。这件事至今使我记忆犹新。我认为，心测技术人不懂案件侦查、审理和刑技，肯定不合格。

这起农场发生的命案是在一天晚上，婚后年轻小两口在睡觉中被犯罪嫌疑人入室持刀杀害。相邻的黑龙江饶河县此一时期也发生了一起入室杀人案。但不知是何原因，两起命案被错误地“串并案侦查”，侦查又错误怀疑一个到此地打过工的安徽青年涉案，因为男青年案发后回安徽了。据了解，黑龙江办案人员立即长途跋涉到安徽，找到了那名男青年。男青年否认自己作案。在安徽，办案人员当即请来了“美式测谎专家”。在听完办案人员介绍案情后，安徽“测谎专家”就关起屋门，对男青年进行长时间的“自动测谎仪测谎”。最后，安徽“测谎专家”对黑龙江办案人员说“这个男青年说谎率高，两起命案应该是他做的。”之后，男青年被带回黑龙江，“突审有了口供”，但无直接证据。在看守所被关押几年后，才将男青年取保候审释放回家。

迄今，心理测试结果，中国刑事诉讼法未规定为鉴定结论。为什么？近20多年，中国心理测试技术教学、科研和应用暴露出了严重问题。例如，近些年不断出现的“自动测谎仪”厂家，与公安、检察、法院、军保、安全、司法机关等某些政法公务员合伙，照搬抄仿国外“测谎说、准绳测谎法”，为赚快钱，高价推销“自动测谎仪”及其设备，合伙到处开办“速成测谎员短训班”。这些冒进的做法，直接导致中国司法实践不断被曝出许多冤错案和大量不结论案。我认为，即使受过正规培养的心测学员，也需要度过“知识技能转化期”和“应用办案实习期”，之后还需要适应中国各类案件办案实践，行稳致远，才可以成长为合格的心测技术员。

六、政法一线：心理测试科学应用

心理测试办案，滥竽充数不行。人的心理生理反应十分复杂，成为心理测试专家绝非易事。中国心测技术起步实践表明，仅知照搬抄仿“准绳测谎法、自动测谎仪”的人，根本不配称“心测专家”。合格心测技术员，必须熟练掌握适用华语民情的心理测试仪、心理测试理论、心理测试方法。中国心测技术专家不能靠自考自评或突击短训速成。

科学应用：揭秘“测谎仪”

——中央电视台 2002 年《新闻调查》

记者提示：提起“测谎仪”，很多人都会感到很神秘，与此同时，人们也都会对它产生一种疑问：一个人是否说谎，难道真的能用仪器测出来吗？传说中的这项技术究竟是科学还是谬误？如果科学，它是一项什么样的技术？如何正确认识和评价这项技术？这项技术在中国司法实践领域，究竟扮演什么样的角色？《新闻调查》这期节目，将对此展开一系列调查和采访，希望以此来揭开“测谎仪”的神秘面纱。

调查对象：中国人民公安大学武伯欣；违法嫌疑人；江苏省高级人民法院刑庭庭长张屹；中国刑事科学技术协会理事长刘文；中国政法大学研究生院常务副院长卞建林。

一、记者体验模拟测试

解说：这是国产故事影片《寂静的山林》的片段。

（影片对白：你认识这个吗？这是人类最高的发明，科学最后的成果——心理测验器，它是专门揭露说谎话的。）

解说：影片中描述的心理测验器，正是人们日常讲的“测谎仪”。多年来，人们对于“测谎仪”及“测谎技术”的了解，也仅仅局限于影视作品，而在这些影视作品中，“测谎仪”所扮演的，又多是骗人的、不光彩的角色。从这些影片中，不难看出长期以来我国对这项技术持有的否定态度。然而近些年，不少媒体却相继报道了我国一些公安部门利用“测谎”技术屡破疑难案件的事例。“测谎仪”，也从一个小丑角色变成了破案神探和传奇英雄。那么，“测谎仪”究竟是一种什么样的仪器，它的工作原理又是怎样的呢？

武伯欣：民间俗称“测谎仪”，科学称谓是心理测试仪。

解说：武伯欣，中国人民公安大学心理测试中心主任。从 1992 年起，武伯欣教授就从犯罪心理学角度对心理测试技术进行研究和系统开发，并且将这项技术应用于公安刑事侦查工作。时至今日，已经有 600 多个凶杀、抢劫、盗窃、强奸、贪污等刑事疑难案在武伯欣等人协助下顺利侦破。

武伯欣：事实上，心理测试的工作原理，不是在测人是否说谎，它实际上是在检测真实的心理痕迹的有无。

记者：心理痕迹？

武伯欣：对。就是人所经历的事件会在大脑留下比较深刻的印迹，随着时间推移，特殊事件也可能终生不忘。比如说，人们都不会忘记新婚。违法犯罪也属于特殊事件，这种心理痕迹通过言语唤起以后，涉案人首先有心理反应。

记者：那您的意思是说，用您提的问题像探测器似的问到被测人心里边去？

武伯欣：对。人的违法犯罪经历被言语问题唤起后，相关心理生物反映的指标，如皮肤电、血压、呼吸，还有脑电等就会出现异常。这样在实测的时候，肯定在人的身体上要戴上一些传感器。然后，这些传感器同步、实时记录的数据被心理测试软件呈现出来。

记者：我能不能实际地，比如说你们也测测我？

武伯欣：当然可以了，咱们可以设计一个游戏项目。

解说：为了能够更加直观地认识这项技术，我们请武伯欣教授进行了一次模拟心理测试。

记者现场解说：现在我就要接受一次心理测试，一会儿我会给测试人员一组数字，其中的一个数字2我已经写在了这张纸上，最后看看能不能把它测出来。

解说：根据武伯欣教授介绍，记者既然在5个数字中选出了这个数字并且把它写在纸上，那么在记者的心里就会对这个数字保留下不同于其他数字的心理痕迹。在测试中，当测试者问到这个数字时，记者相应的心理生物指标就会有较为独特、不同于其他数字的变化，从而将那个数测出来。

武伯欣：我先说说这个测试，等一会我来问你很多问题，这些问题都很简单，你可以回答，也可以不回答；如果回答，你就用最简单的"是"或者"不是"，眼睛看着墙就行。

记者：看着墙是吧？

武伯欣：非常自然平静地。

记者：我很平静。

武伯欣：好不好？

记者：行。

解说：心理测试装置，看上去比我们想象的要简单得多，它由传感器、心理测试仪和一台电脑三部分组成。当工作人员分别在记者的手腕、手指和胸部配带上传感器之后，在电脑屏幕上，代表脉搏的蓝色曲线、代表皮肤电的红色曲线以及代表呼吸的绿色曲线就立即显示出来。

武伯欣：你的名字是叫长江吗？

记者：是。

武伯欣：你是北京人吗？

记者：是。

武伯欣：你刚才写的那个数是写的“1”吗？

记者：是。

武伯欣：你刚才写的数是写的“2”吗？

记者：是。

解说：整个测试过程中，武伯欣教授就 5 个数字按照顺序和倒序的方式各提问了一遍，紧接着就得出了结论。

武伯欣：（这个游戏）可以结束了。

记者：完了？

武伯欣：这已经露出来了。

记者：几呀？

武伯欣：这就是“2”嘛。等会儿你看一下你的图谱就知道了。你看，这样的图谱，一个是（红色曲线）在上面时间比较短。

记者：像这样的图谱都是没什么太大的起伏。

武伯欣：对。没什么相关性。

记者：就是说这时候您肯定是在问我不是“2”的时候？

武伯欣：对。但是你注意这个，你这时候出现一个比较特殊的呼吸变化。

记者：哦，这个大框。

武伯欣：这个绿线，就等于你对即将要问的这个数，可能有一个预先的防范，然后出来了。从这儿开始一直持续很长时间，就保持这种高度，这个是你显著相关的特征，这个比任何一个最后形成的这种波形都特异，这是唯一的。

记者：像个“几”字。

武伯欣：对。这样就根据几遍测试，最后就敢下结论。

记者：行，谢谢您。

二、谁拿了那些珠宝首饰?

记者现场解说：虽然在公安大学，我接受了一次心理测试，结果也是令人信服的，但我总觉得这只是一次模拟。那么，我们将前往邢台，对一起珠宝行失窃案参与办案。我们将随武教授出发，对这一次心理测试的全程进行跟踪——

曹朝晖队长：8月12号上午，个体老板在云龙大厦16楼进行清洗珠宝，上午9点钟开始清洗。

解说：来到邢台，武教授首先请警方就珠宝行失窃案做了详细介绍。这家珠宝行是经过装修后准备重新开业。案发那天上午9时左右，珠宝行工作人员从银行取回库存的珠宝首饰，在16楼办公室里对珠宝首饰进行清洗整理工作。其中，有四名女职工负责清洗，还有三名男职工剪贴商品标签。中午12时吃饭，午饭后七人继续开始工作。下午4时左右，当清洗工作结束清点入库时，发现少了一枚钻戒、一件钻石项链和一件钻石吊坠，总价值一万元左右。由于一天工作下来，没有其他人进入这间办公室，因此警方认定是一起内盗案件。可是在警方调查中，在场的七人都各有说辞，很难从中找出可疑线索，加之现场又没留下有价值的痕迹，因此这起案件拖了两个多月难以侦破。七个人中，警方认为嫌疑最大的是其中一名女职工，她曾经在工作时舍近求远，从16楼到14楼上卫生间，还随身携带自己的手提包。

武伯欣：这里边还有问题，是一次拿还是三次拿的，应该是，清洗完的还是没清洗的？这都很难说。

解说：案情分析会开了整整两个小时，其间，武伯欣教授就他所关心的问题，详细向警方进行了询问。

记者：这案情分析想要达到一个什么样的目的呢?

武伯欣：就是对作案人独有的违法心理痕迹做分析。

记者：那您刚才主要捕捉一些什么样的心理痕迹？

武伯欣：特别侧重的比如时间知觉、方位知觉、作案动机等，只有动过手的人，会有清晰的违法心理痕迹存在。

记者：刚才我注意到您问题问得特别细：是一次拿走的，还是分两次、三次拿走的？您干嘛要问得这么细？

武伯欣：比如说他拿这个东西值多少钱？标签是多少钱？可能更细，我们不问。我们更注意时序性东西，是擦拭前还是擦拭后？那只有他知道，其他无辜者不可能知道。

记者：您问这些是为下一步编题，为怎么拟题做准备？

武伯欣：对。都是为了一会儿编题做准备。

记者：这七个人排列当中，20 岁这小姑娘她中途上厕所，而且不在 16 层去 14 层，我觉得这可能是一号嫌疑人？

武伯欣：没有，我对这个人，始终用逆向思维使她下降。

记者：为什么您要使她的嫌疑下降呢？

武伯欣：因为不可能那一上午别人都没出去过，那就不是疑点。主测人最忌讳的是心测前有先入为主的东西。

解说：案情分析会结束的时候，已经是中午时分了。经过短暂的休息，武伯欣教授带着他的研究生林浩，开始编拟心理测试中所必须使用的同一套心理测试问题。

记者：编了多少题？

武伯欣：编了 55 个题，一共 9 组。

记者：一共 9 组，是什么概念？

武伯欣：实际上，我们选择了 9 个目标问题。

记者：什么叫目标问题呢？

武伯欣：这就是前边我们分析的作案人动态的一些心理活动。这样，我们分析捕捉到主要有 9 个，凡是涉案嫌疑人，他就应该具有这些违法心理痕迹。

记者：您这目标问题，是要捅到他心理痕迹地方去的？

武伯欣：是要检测真实动机是什么，真实作案时间，他的认知是什么，当时装在哪了，珠宝首饰现在的方位等。

记者：您看这个题，是那天上午拿的吗？是中午吃饭时拿的吗？是午饭以后拿的吗？这实际上，不就是要问什么时候拿的吗？干嘛您要问得这么细？

武伯欣：编题当中，有些是目标问题，有些叫参照问题，就是不能问是几点钟拿的，因为问几点钟拿走，作案人有可能当时并没有很准确的时间知觉，他可能有一个时间段的认知。所以，干脆都并列摆在这一组，假设这里边有一个时间段是他作案，肯定就会有相应紧张峰值出现。

解说：就在武伯欣教授编拟测试题的同时，邢台警方也根据武伯欣教授的要求，布置好了一间测试室。为了不给被测人增加太多的外界影响和压力，心理测试室被安排在宾馆会议室的一角，而且其大小、光线、室内温度以及我们的摄像机的隐蔽等都达到了心理测试要求。

记者：经过了犯罪心理动态分析和对事不对人编题两个阶段后，时间已接近下午五点，测前谈话和心理测试马上就要在这间已布置好的工作室里进行。那么，刚才主测人员给我的感觉是，他们对这次心理测试的前景还是比较看好的，那么，我们将看到什么样的事实呢？

武伯欣测前心理访谈：反正这个事，肯定有人拿走了。

被测人甲：是。

武伯欣：现在，这恐怕是事实了。那么，不管是谁拿了，咱们常说那句老话就是没做亏心事不怕鬼敲门，反正你相信不管怎么做，肯定我们不会冤枉谁。

解说：由于心理测试在刑侦过程中的作用就是排除无辜和认定涉案嫌疑人，因此，为了在测试中首先找到一个无辜曲线的比对基础，武教授要求警方把侦查过程中认为疑点相对较小的一名被测人带到了心理测试室。经过一番谈话和履行了必要的同意手续之后，心理测试工作正式开始。

武伯欣问：记得那天办公室有人拿走珠宝首饰的事吗？

被测人甲答：不记得。

武伯欣问：拿走珠宝首饰的人，是和老板有矛盾吗？

被测人甲答：不知道。

武伯欣问：拿走首饰的人，是急需要用钱吗？

被测人甲答：不知道。

武伯欣：拿走首饰的人，是为了还账吗？

被测人甲：不知道。

解说：测试中，武教授就已拟好的测试题，分别从作案人动机、是否有预谋、几个人作案、作案时间段、偷拿珠宝首饰顺序、当时得手后隐藏地点、如今珠宝首饰去向等全部 55 个问题进行了提问。

武伯欣：先到这吧，休息一下。你有点紧张。

被测人甲：我紧张？！我觉得不紧张。

武伯欣：是吗？吃饱了吗？要不然是中午没怎么吃饱？

被测人甲：咋啦？吃饱了。

武伯欣：没有咋，我们就说咱们休息一下，喝点热水。

解说：正式测试已是吃晚饭时间了，由于经过一个下午消耗，这个被测人的体能已明显不符合测试要求，因此武教授要求警方带这位被测人先去吃点东西，接下来，武教授开始对第二个人做测试。这个人正是中途离开过办公室，从 16 楼到 14 楼上卫生间，被警方怀疑是疑点最大的那个人。

武伯欣问：拿走首饰的人，是一个人做的吗？

被测人乙：不知道。

武伯欣问：拿走首饰的人，是两个人合伙做的吗？

被测人乙：不清楚。

武伯欣问：拿走首饰的人，是还有别人帮忙吗？

被测人乙：不清楚。

武伯欣：那就叫她回去吧。

被测人乙：我可以走了吗？

武伯欣：对。

解说：与第一个被测人不同的是，这个警方认为嫌疑最大的人，仅仅被问了25个问题，武教授就结束了测试。

记者：才十分钟不到，第一个人做了差不多四十分钟？

武伯欣：对。第一个我不放心，测试显示有点知情。

记者：那您现在，对第一个人敢排除她吗？

武伯欣：我现在不敢排除。你看第二人，我说你回家吧。

记者：可是分析的时候我听了，就这21岁姑娘最反常。

武伯欣：对呀。但是我呢，测前就说一定往下否。我必须依据心测图谱。问第二个人25个题，我就敢排除了。

记者：那第一个呢，图谱有什么特殊地方吗？

武伯欣：第一个人的呼吸虽然挺稳，但她的皮肤电不正常。

记者：皮肤电，是这个红的吗？

武伯欣：对，红的。

记者：刚才我看到第一个人的皮肤电还出过这种框。

武伯欣：对啊，直角的，上去得特别陡，然后走直线，那就很异常。所以，我为什么不放心呢？一直问完问题。

记者：每次提问的时候，您为什么声音跟平常说话都不太一样，有点像吟唱似的？

武伯欣：对。主测人得保持一样的语流、速度，包括声调。这是因为，你的提问不能忽高忽低，如果忽高忽低，很容易导致被测人对你的声音紧张，你如果有特别明显的言语问题刺激他，无辜的被测人就可能过敏。

解说：接受了我们的采访之后，武教授继续对其他五个被测人进行测试，五个人的测试过程几乎与第二个被测人一样，都是仅仅被测了20多个问题就被确认为无辜。七个人都接受了测试，可是没有一个被定为作案嫌疑人。这让在场的人们难免从内心里产生了很多疑问，究竟是七个人当中没有作案的人，还是有作案的人而这项技术却难以把他准确识别出来？就在此时，曾经被武教授怀疑过的第一个被测人吃过了晚饭，体能已经恢复正常，武教授决定再对她进行一次测试。测试中，武教授反复就55个问题提问了三遍。

武伯欣问：拿走首饰的人是临时起意的吗？

被测人甲：不知道。

武伯欣问：拿走首饰的人，是那天早晨拿的吗？

被测人甲：不知道。

武伯欣问：拿首饰的人，是先拿的项链吗？

被测人甲：不知道。

武伯欣问：拿首饰的人，是把首饰放在兜里了吗？

被测人甲：不知道。

武伯欣问：做这事的人现在，是觉得很后悔吗？

被测人甲：不知道。

武伯欣问：你先下去吧。

记者：这下可够戗了吧，我都觉得心嗵嗵直跳。这后两遍基本上反应强烈的地方重复就太多了。

武伯欣：这就是涉案了。

记者：第一遍测量完之后您给她下的定义是似知情？

武伯欣：这个“似”字，现在就得抹掉了。

记者：武老师，我还是请您非常慎重地回答我这个问题——如果她涉案犯罪成立的话，今天晚上这个人就真走不了了？

武伯欣：肯定走不了。因为第一遍我就觉得她走不了了，我们为什么连着给她测这么多遍，我们也很慎重。

记者：那下一步的工作是要做什么？

武伯欣：就是测后谈话与讯问，它跟一般审讯有很大区别。这个是在心理测试之后，从心理上已经把握被测人很多经历的这种心理痕迹。所以，跟她谈话，就能切入她心里最要害的地方。

解说：测试工作结束时已经是午夜 12 时左右了，对作案嫌疑人的讯问工作就要开始。武教授就心理测试中嫌疑人在 9 个目标问题的对应反应，向侦查员做了介绍。

武伯欣：这个人现在也感到后悔。因为我们这个题目有“拿首饰的人，现在很后悔吗？”她反映很突出。根据测试结果，图谱显示她是为了还账，所以从审讯我建议是这样，多理解她、尊重她。让她好好谈谈家里到底过得怎么样。

解说：对珠宝行盗窃案的讯问工作开展得非常顺利，警方围绕着已经掌握嫌疑人的心理痕迹，很快就攻破了嫌疑人的心理防线。根据嫌疑人主动交代，她之所以作案，是因为家里丈夫多年病重，生活困难，因此临时起意，盗窃了三件珠宝首饰，并将它们变卖，获得赃款 7000 多元。从她的讯问笔录可以看出，她所交代的作案动机、作案时间、珠宝首饰的藏匿地点，等等，都与心理测试的结果相吻合。

记者问：当时你进那屋子以后，主测人告诉你了，现在要对你做个心理测试，你当时心里第一个反应是什么？

被测人甲：害怕、心虚。

记者问：你知道这是做什么用的吗？

被测人甲：光知道那是“测谎”用的。

记者问：你觉得能测得出来吗？

被测人甲：我想不会有啥吧。大不了我表面上镇静一点，看上去没有什么事似的。

记者问：所以当时在测你的时候问的那些问题，你当时好像回答的基本上都是不知道，为什么这么回答呢？

被测人甲：说话越少，就好像越看不到什么似的。

记者问：那你现在回头看这仪器，对心理测试相信吗？

被测人甲：我相信。我现在不相信也不行，因为回来以后曹队长把做的记录让我看了看，在哪方面回答问题时候有什么心情的波动啊，什么变化啊，我一看，我觉得说的跟我心里想的完全一样，所以我相信。

解说：仅仅一天的时间，珠宝行盗窃案就顺利告破。在心理测试过程中，涉案嫌疑人就已表示出对这件事感到非常后悔，现在，她正在积极协助警方找回被盗的赃物，希望以此来减轻对自己的惩罚。而对于其他六位被测人来说，虽然也经历了一次人生的特殊体验，但却由此找回了清白。

记者问：你当时从内心讲是同意测还是最好能逃避掉？

被测人丙：我感觉还是测吧，我相信现代科学，因为毕竟我是人正不怕影子歪。

记者问：那测的时候紧张不紧张？

被测人丙：当时是有点紧张，就害怕如果有电什么的电我一下，别的倒是没有什么吧。

记者问：老百姓通常一听“测谎仪”，也都会害怕。

被测人丁：我不会。

记者问：你怎么不会?

被测人丁：因为我没做这事，不害怕，我还是相信高科技，“测谎仪”不是测你说话的，对不对?说话想什么说什么，反正就是与不是，就这两者呗。心里不心虚，怕啥?

记者问：机器万一给你检测错了呢?

被测人丁：检错了，法律是公平的呀，我可以告呀。

记者现场解说：跟踪主测人对珠宝行被盗案进行心理测试的全过程，特别是案件迅速告破，更理性地看到这种手段的作用。那么这手段这么有效，今后是否可以迅速推广?一旦推广以后，有关部门再办起案子是不是就变得易如反掌?

三、必须审慎使用“测谎仪”

解说：事实上，作为一项新型科学技术，在1980年以前，我国对这项技术还普遍持有一种否定和排斥的态度，一度还把它当作唯心主义的伪科学。1982年，公安部刑事技术考察团在日本考察时，发现这项技术早已在国外被应用，并且具有一定科学道理，这才首次将这项技术带回了国内。经过十年的研究开发，1992年，这项技术才被逐步用于公安部门刑事侦查工作。据不完全统计，近十年来，各地公安部门已经利用这项技术成功侦破了2000多起刑事疑难案件。与此同时，昆明、沈阳、北京、南京等地的一些法院，也都在一些案件审判实践中尝试使用了心理测试技术。

张屹（江苏省高级人民法院刑一庭庭长）：1998年以来，我们的刑事审判做了七例测试。

记者：是在一种什么样考虑之下使用的心理测试?

张屹：我们刑事审判经常遇到被告人口供和对它的审查，而且被告人口供在整个证据体系中是一个非常重要的证据。特别是在一些重大案件当中，被告人的口供存在很多问题，心理测试，对我们来判断这个证据到底能不能用？能不能作为定案的证据来用？我们长期以来也很困惑。

解说：江苏省高级人民法院从1998年开始的三年间，陆续在七例刑事案件审判过程中使用过心理测试技术。这七例案件都有一些共同特点，以其中一个案件为例，1998年，江苏省盐城市中级人民法院审理了一起杀人案，法院认定被告人犯故意杀人罪判处被告人死刑，缓期两年执行。被告人不服，上诉到江苏省高级人民法院。二审过程中，法官发现整个案件中一审被告人的口供是本案定性的重要依据，可是这些口供之间，口供与其他证据之间又存在相互矛盾的状况，很难就此认定被告人有罪。这种情况下，法院对被告人进行心理测试，心理测试结果也恰好印证了法官的判断，于是此案被认为证据不足，一审被告人被改判为无罪释放。

记者：你们主要是测这个，测他的口供，曾经有过的口供到底说的是真还是假?

张屹：对。因为他的口供中有很多真真假假在里面，我们一看就能看出来。有一些真有一些假，但我们不能全部判断它哪些是真哪些是假。这个时候呢法律上规定，法官可以有一定自由裁量权，就是要得到内心确认，就是说你认为根据你的法律知识，根据证据的具体情况你确信这个证据是真的，可以使用了。那我们借助这个心理测试，我认为在内心确信排除合理怀疑这个程度上，它确实起了一定的作用。

记者：这个一定作用，可以把它等同间接证据吗?

张屹：也不是间接证据，因为证据它有一些形式要件。我个人认为，它并不是代替证据，代替其他证据作为一个定案依据，我们还要回过头来看原来的证据。

解说：江苏省高级人民法院对心理测试的理解，在我国司法审判实践中具有较普遍的代表性。心理测试在法官们使用自由裁量权、辨别证据真伪等方面给了他们以信心，可是另一方面，心理测试结论却并没有像我们想象中的那样作为有效证据，或者说作为有效的定案依据为法庭所采信，这究竟是什么原因呢？卞建林，是中国政法大学研究生院常务副院长，多年来，他一直从事刑事诉讼方面的研究工作。

卞建林：因为我国目前法律对证据的定义，是把证据证明方向直接指向案件事实的，这是证据。“测谎仪”，不是直接证明案件的真实情况，按照我国证据理论和法律规定，它属于一种对证据审查判断的手段，而不是定罪根据。

记者：据您了解，心理测试技术目前在我们国家司法界拥有一个什么样的法律地位？

卞建林：如果就立法层面来说，我们国家法律关于“测谎仪”的规定，可以说是空白。

解说：在国外一些较早使用心理测试技术的国家，这项技术作为刑事案件侦查中较普遍采用的手段，其使用是在严格法律制约下进行的。而在我国，这项技术虽然已有十多年的研发和使用历程，但迄今为止，对于这项技术的理论基础、使用过程的法律程序、测试主体和被测人限制范围、仪器生产销售和规范行业标准、测试人员资格认定与培训等方方面面的问题，都还没有任何法律上的规定，这就造成了目前这项技术在我国出现了不应有的混乱局面。

刘文，中国刑事科学技术协会理事长，公安部刑侦局原局长。1982 年，正是他带领考察团在日本考察了心理测试技术，并将这项技术带回了国内。20 多年来，他也一直在关注着心理测试技术在我国的应用和发展。

记者：那您说想要用了，就去买一个设备，这种“测谎仪”的设备很容易买到吗？

刘文：现在很容易买到啊，现在国内有六家生产啊。

记者：在我理解，心理测试仪作为一个特殊仪器，它在生产的时候是应该有国家标准吧？现在我们有没有？

刘文：现在没有国家标准，但应该有国家标准。

记者：有没有行业管理的规定？

刘文：也没有，现在都是各自在生产。

记者：那它的准确率、稳定性、安全性体现在哪儿？

刘文：很难保证。对这几个设备谁的可靠，我弄不清楚。

记者：那这个仪器，将来使用起来会不会乱啊？

刘文：现在就已经乱了。

解说：法律的空白与市场的无序，使心理测试技术在推广使用中出现了混乱局面，这也导致一些地方在使用中出现了冤案和错案，曾经闻名全国的云南杜培武案件、安徽刘明河案件等，都是不恰当使用心理测试仪得出错误结论，从而引导办案人错误地认定犯罪嫌疑人，最终酿成了冤案。

卞建林：因为我们传统办案观念或办案手法，容易造成办案人对嫌疑人有罪推定的一种先入为主的现象。如果你过分倚重于这种“测谎仪”，事实上你就是把办案的重点放在了被告人的口供上，忽略了全面细致及时去搜集其他证据。这样，就可能会在司法实践中产生冤假错案。

解说：长久以来，存在于我国司法实践领域的“有罪推定”观念至今还没有彻底消除，在这种错误观念支配下，重口供、轻其他证据的现象在一些案件中屡屡发生。有些人错误地把心理测试理解为口供的延伸，或是套取证据的有效手段，从而过分依赖心理测试的结论。这样当心理测试得出错误结论的时候，冤案、错案也就随之发生。而另一方面，一些公司为了获取商业利益，只为赚钱却忽视对专业技术人员的培训，这也为心理测试的推广应用埋下了隐患。

刘文： 现在为什么“测谎”时常出问题？到处卖“测谎仪”，有的县公安局也去买个“测谎仪”，说“测谎仪”有用，买回来，没有专门人才，弄个人去学几天就回来用，一用就出错。不是科学技术弄错，是那个人不会用，他弄错了。

解说： 事实上，心理测试技术是一项集心理学、生物学、医学、电子技术等多学科于一身的应用技术。在美国等国家，法律对心理测试规定了一整套严格的操作程序，对从业人员，只有经过正规“测谎”学校的学习训练，获得资格后才有权进行这项技术的操作实验。而在我国，只有中国人民公安大学心理测试中心每年在培养着为数很少的心理测试研究生和专业技术人才，除此以外，还没有一家正规培训院所，也没有国家级对从业人员的资格考核认定的机构。

记者： 在目前这种情况下，您认为要想使这项技术将来真正能够站得住的话，我们现在应该做什么？

刘文： 心理测试这个技术本身是科学的，有科学根据的，这一点不能动摇。关键就在于怎么科学地用它。第一它定位，要做破案辅助手段，不是破案的主要手段，作用不能夸大；第二要行业管理，要有国家标准，要进行鉴定。要有懂科学的人，要有科学设备，要有科学管理才能把它用好。

侦办命案："美国测谎"与中国心理测试对比

安徽凤台县公安局　樊　新（心测硕士）

中国心理测试技术，可简称"测真技术"。它是使犯罪嫌疑人折服，使侦查员、审判员感到"神奇"的技术。它强调心理分析和检测客观性，能使侦、审走出僵局。

2007 年 2 月 6 日晚 7 时许，安徽省淮南市凤台县某村 74 岁老太太肖某被人杀死在自家中。接到报案，凤台县刑侦领导率侦技人员赶到现场进行勘查、走访。由于案情重大，第二天县局又请来淮南市公安局技术人员对现场进行勘查。现场为两层楼房，每层东西两间，双扇木门位于东房间，房屋坐北朝南。据报案人介绍，原始现场双扇木门是锁着的。它是由亲属对受害人进行抢救时才打开的。中心现场，位于一楼东侧客厅，受害人尸体头北脚南曲卧在地面上，头部被砍伤，颅骨多处骨折，头下部有大量血迹，尸体西侧水泥地面上有两枚残缺血足迹。经技术处理显现两枚残缺足迹，其足迹全长和鞋底花纹基本能反映出来。客厅电灯开关上有擦拭状血迹。中心现场西房间是受害人卧室，卧室床上被单及床垫上有明显被翻动的痕迹并留有擦拭状血迹。

案件发生后，侦查人员做了大量工作，前期主要摸排有前科劣迹人员，并将彭某作为重点嫌疑人进行侦讯。彭某以前有盗窃前科，且距受害人住处几百米，侦查人员排查时，首先将彭某摸排上来。作案动机分析是盗窃老人财产，被发现后临时起意将老太太杀害。然后，侦查员围绕彭某做工作，到其家中进行搜查，对周边邻居进行走访，调阅其通信信息进行查看等。但工作十几天，通过走访，侦查人员发现彭某在作案时间上可以被排除嫌疑。案件至此搁浅。

当案件毫无进展时，距专案组住处约 200 米的地方，一天晚上一位 70 多岁的老太太又突然在自家被人强奸了。这两起案件都是对老太太作案，且两起案件发生时间前后相差没几天，专案组立刻想到了串并案侦查。侦查人员分析认为是性因素，有人将老太太杀害。于是，很快将后一起强奸案侦破，将嫌疑人李某抓获。嫌疑人李某，30 多岁，与死者住同村。通过审讯，李某只承认强奸案件是其所作，之前杀害老太太的命案与他没有关系。通过到李某家中搜查和调查走访，其杀害老太太的嫌疑很快被排除了。侦查人员围绕性犯罪在全村展开摸排，主要摸排老太太在本村有没有相好，有没有生活作风不良的老头儿。工作开展一段时间，也没有进展。后期侦查重点又将命案作为涉亲案件办理，认为老太太的四个儿子可能因财产分配问题产生矛盾。老太太有四个儿子，老四是教师，为人较好，嫌疑最小，其余儿子都务农，农闲时他们用拖拉机帮搞建筑的拉砖头赚点钱。四个儿子中，老三脾气较暴躁，村里人叫他“三拐子”，因此被看作嫌疑最大。

足迹专家认为，现场遗留足迹应是年龄偏大者所留。三儿子 40 多岁，符合足迹专家推算嫌疑人的年龄。三儿子被传唤到讯问室。他听说自己是嫌疑人，非常气愤，不配合侦查，只说自己不是作案人，让侦查员赶快去调查其他人。侦查人员从作案时间上不能排除老三的嫌疑，因为其说自己案发当日外出办事，没有人能够证明。这更加重了侦查员对他的怀疑。通过到其住处搜查，把他穿过的鞋进行捺印提取样本，与现场足迹比对，不能认定作案人就是三儿子。随后，又围绕老太太其他儿子做了大量工作，案件仍无实质进展。眼看这个命案搁浅，办案单位请来安徽某公安局经北京某厂家短训速成的“测谎员”，用“自动测谎仪”照搬“准绳测谎法”等国外“测谎法”，对嫌疑人做了“测谎”但没出明确结论。可以说，“美国测谎”对侦查破案没有起任何作用。

案件没侦破，市县领导都很着急。四个月了，专案组吃尽了苦头。由于案件发生在农村，住宿条件很差，又没有足够大地方能容纳专案组这么多人吃住，专案组把村里废弃牛棚清理一下，作为专案组驻地。这些牛棚虽然不养牛了，但里边的气味还在。专案人员白天忙着调查走访，晚上还要忍受难闻气味和蚊虫侵扰。同时，驻地地势低洼，一到雨天，人就成了泥人，后期许多人生病，不得不去医院输液。苦是受了，但案件还是没有侦破，命案的压力还仍然在。

当实在没有办法的时候，市公安局领导决定去北京中国人民公安大学，请著名犯罪心理分析、心理测试专家武伯欣教授来帮助破案。6月上旬的一天上午，我们看到了这位公安部科技专家，约五十多岁，穿一件白色短袖衬衫，精神很好，留着短发，像和蔼可亲的长者；他身边带着年轻助手，后听说是他学生——南阳市公安局法医马伟。武教授刚从外地办完案，直接从南京被接过来。平时武伯欣很忙，都是去帮助解决疑难案件。他来到凤台后，除了谈论案件中的问题，武教授说话较少，但能感觉到他对侦破这个案件是充满自信的。下车后不久，局领导就按要求带武教授察看发案环境了。我们也和武教授到了命案现场，现场保护做得较好。武教授来之前，现场木门一直锁着，除尸体转移走之外，其他基本都没有动，保持了原始现场状态。

武教授在发案现场不停地问一些问题，我们都做了回答。大约个把小时后，我们和武教授回到县城的宾馆。在宾馆房间里，武教授看现场勘验笔录、法医鉴定结论、听取该案前期侦查情况，与局领导、侦查员一起进行讨论。期间，武教授手机不断响起，听见他回话：“今天明天这两天不行，我在淮南凤台搞命案，后天再联系吧。”接完电话，他对我们说，有个地方的工商局长家被炸了，打过几次电话了，凤台案件搞掉后，他和助手就要到那边去。紧接着，武教授还询问了一些案件现场勘查，前期摸排嫌疑人情况。

随后，武教授对这个命案做出犯罪心理痕迹动态分析。当时我的记录如下：一、犯罪嫌疑人作案后，从容不迫，离开现场时能将门锁好，说明作案人安全感较好，心理稳定性较好，有某种心理支撑作用，符合多人参与作案或知情。二、作案后，涉案人虽然对现场做了擦拭处理，外显行为有伪造、掩饰痕迹。但现场处理不到位，处理了指纹，仍留下穿鞋残缺血足迹，现场有一定心理行为模仿特征，符合未成年作案或初犯作案特征。三、针对老人作案这一特征，此案要优先考虑未成年人作案。老年人身单体弱，没有力量反抗，容易成为未成年人侵害的对象。该案应优先考虑有不良嗜好又无经济来源的未成年人作案。四、案件摸排范围要大，嫌疑人才能够摸排进来，思维一定要发散，不宜聚合。

犯罪心理痕迹动态分析结束，已经快中午了，武教授看看宾馆房间说："这个地方安静，房间布置一下，适合做心理测试，就在这里测。"到了吃午饭时间，武教授简单要了两个蔬菜和一碗米饭。吃完饭，武教授让侦查员把案件侦查确定的嫌疑人带来。因为距离宾馆有20多里路，所以侦查员就找了辆公交车来运送侦查圈定的嫌疑人。利用这段时间，武教授和助手在房间把同一套心理测试题编好了。

侦查员根据武教授建议，重新划定了侦查范围，将刚满16周岁、喜欢上网、打架斗殴的苏某也划了进来。当天下午3点多钟，通过心理测试鉴定，成功认定该案主犯正是苏某。苏某与被害人住在同村，住在被害人家前边第三栋房。前期侦查中，虽然侦查员也接触过苏某，但始终没有把苏某列为重点嫌疑人。苏某只有16岁，人长得较瘦小、斯文，实在无法把他和杀人犯联系起来。虽然苏某平时有不良恶习，但这些不良嗜好和杀人没有明显关系。因此，苏某多次在摸排中溜过去了。公安勘查现场时，苏某还在旁边围观过。侦查员摸排嫌疑人时，苏某也去看过热闹。

通过测后谈话和讯问，苏某很快就痛哭流涕地对作案事实供认不讳。因为他和别人打架欠钱，想找老太太要点钱，老太太不给他钱还骂他，他就用随身带的刀将老太太砍死了。砍死老太太后，他到老太太卧室去寻找钱，没有找到。回家后，苏某将杀害老太的事告知了他父亲和哥哥。后在父亲、哥哥陪同下，又去现场进行了处理。他们将作案时手接触过的物品用毛巾擦拭干净，防止留下指纹，临走时又将被害人家木门锁好。心理测试刚做完，武教授马上就指出心测评判：苏某是本案主犯，还分析到测试反映出的心理痕迹。听完分析，市局刑警支队长连声说："神了，真是神奇。"后苏某因涉嫌抢劫杀人被检察院批捕，此案顺利侦破了。

在案件后期审讯时，由于侦查人员人手不够，要我去帮助审讯。由于苏某已经将案件交代得差不多了，我们就和苏某闲聊，问他为什么要去杀那个老太婆。他说那个老太婆平时就喜欢骂人，没事的时候，嘴总是骂骂咧咧的，看着就不舒服。那天他想向她要点钱，带着刀本来是想吓唬她的，结果她没给钱，还骂了他，结果他一生气就把她给砍了。我们问他案件发生后一直在做什么。他说一直在家，侦查人员去他家调查过，每次问的时候，他就编个理由，调查的人听了就相信了，就走了，再后来侦查员见到他也懒得问了。而且他听说已抓了其他人，正在审讯，就认为没事了，干什么事都跟正常人似的，好像这个案件跟他一点关系也没有了。他是县职教中心的一名学生，有课的时候就去上课，没课的时候就做其他的。在被抓的时候，他到煤矿上班的工作都找好了，就等着去报到了，不想被测出来了。审讯快结束的时候，他很感慨地说，自己这一辈子完了。我们问他为什么，他说自己这段时间看了好长时间的法律书，自己是未成年人不会被判死刑，但是判个无期也完了，出来都几十岁了，啥也没有了，希望父母以后能给他攒点钱就好了。

最后，苏某问我们“那天给我做测试的人（指武教授）是从哪来的？他怎么一问就知是谁干的？”我们告诉他，给他测试的那人是我们请的公安部专家。那种仪器是一种心理科学仪器，人做什么事情，心理测试仪都能测出来。他听后也跟着感慨说，“那东西真的神奇，好像看着我作案一样。”从审讯室出来，我们大家也感到很感慨。像苏某这种作案嫌疑人，无论是从他年龄上、长相上，还是从他平时的表现上，很难将他和杀人案件的嫌疑人联系起来。虽然侦查初期，侦查员多次接触过他。但他自然地应对，取得了侦查员信任，所以侦查员没把他作为重点嫌疑人，导致他一次次在侦查过程中溜掉。可就是像苏某这种犯罪嫌疑人，如果不动用中国心理测试技术，破获此案真的很难。

中国心理测试技术，强调察看发案环境，强调顺时针、逆向思维和发散思维，强调对事不对人做心理痕迹动态分析，强调依据心理生理反映认定作案嫌疑人。在案件侦查初期，必须有发散思维，把案件可能情况都要考虑进来，千万不能过早形成聚合思维。一般侦查思路，基本上是逆向思维，即通过现场痕迹物证找人，而且往往囿于经验局限，不懂通过发案环境去捕捉犯罪心理痕迹，结果很多办案人在案件侦查初期就陷入了一种先入为主的思维，导致后期侦查思路狭隘，不能够对整个案件全面客观正确地分析。这也是很多疑难案件不能侦破的一个非常重要的原因。

因此，在案件侦查初期，我们应该以发散思维，把案件的各种可能性都要分析进来，防止遗漏侦破案件的线索和对侦破案件起支撑作用的问题，使整个侦查的支撑点建立在完全可靠的基础之上，然后在此基础上开展后期的侦查工作，防止发生由于我们对案件前期的侦查支撑点的确定错误，而直接导致案件后期的侦查手段的全部错误，使案件形成疑难案件。实践中很多疑难案件形成，就是在案件侦查初期，侦查人员由于偏信报案人陈述或者证人证言，并缺乏对其真实性的分析，使思维囿于案件现场的某一个方面或案件的某一个情节，缺乏对整个案件全面的分析，过早形成了聚合思维，从而导致侦查视野变得狭窄，围绕一个自以为是的案件线索，而忽视其他案件线索，将全部的侦查力量押上。而一旦案件不能突破，侦查就陷入了僵局。再加上美国式"测谎"不辨真伪，它只测受到怀疑的某人"说谎率"高低。

我认为，疑难案件并非案件本身非常难，可能是侦查员摆脱固有侦查思路难，是重新站在科学高度，对案件进行客观准确的分析最难。很多案件，找对了专家，都已经破案了，侦查员还不相信这是案件事实，不愿相信案件是某个嫌疑人做的，也不愿承认自己对侦查范围定错的现实。笔者观摩了武伯欣教授主测的多起疑难案，都是在侦查无路可走的时候，才找到武伯欣教授协助破案的。许多案件，在当地都是长期没有侦破，甚至还被"美国测谎"错定了嫌疑人，之后经过武教授主持心理测试，才给成功地纠正过来。

甘肃省犯罪心理测试技术的起步应用

周晖　孙多金

一、犯罪心理测试技术在甘肃起步

有人说，甘肃早就接触过 Mark—Ⅱ型声纹测试仪。但 20 世纪 90 年代后期，甘肃确实有刑技人员短期学习“测谎”并买了仪器，但由于各种原因未能开展工作。2002 年，甘肃省正式派人跟踪学习心理测试技术，就按照高起点、高标准的要求进行。五年来，甘肃警察职业学院、甘肃政法学院教师一直跟随中国人民公安大学犯罪心理测试中心武伯欣教授学习这项技术。2003 年 2 月，警院派人到中国人民公安大学犯罪心理测试中心进修，学习犯罪心理测试技术理论，同时，甘肃政法学院在 2004 年也建立了简易犯罪心理测试室。

2004 年 7 月，甘肃省公安厅派人到京参加中国刑事科学技术协会心理测试技术专业委员会成立大会暨学术研讨会，了解犯罪心理测试技术理论及应用情况。2004 年、2006 年，甘肃省分别派技术人员参加武伯欣教授主讲的第三、第四期全国犯罪心理测试培训班，学习掌握犯罪心理测试技术。在甘肃省公安厅刑侦总队、科技处支持下，经过 5 年的学习积累，甘肃警察职业学院、甘肃政法学院基本完成了心理测试技术知识、技能的储备，基本掌握了犯罪心理测试技术。

自 2002 年甘肃省开始应用犯罪心理测试技术以来，先后研测了兰州市公安局城关分局“3 · 29”投毒案，兰州市城关分局某公司被盗案，成县公安局“3 · 12”杀人案，西和县公安局“9 · 15”投毒案，文县公安局“7·2”投毒案，武都县公安局“3·30”投毒案，平凉市公安局“12·4”投毒案，古浪县公安局“2·13”爆炸案，通渭县公安局“6·28”杀人案，兰州市交通治安分局“3·11”伤害致死案，天水市北道分局“4·9”被盗案，定西市安定分局“8·19”投毒案，定西市安定分局“12·30”杀人案，景泰县公安局“6·11”爆炸案，岷县公安局“8·29”投毒案，岷县公安局“9·12”杀人案，成县公安局“4·10”爆炸案，民勤县公安局“1·7”杀人案等100多起重特大疑难案件，在案件侦破中发挥了重要作用。

（一）排除无辜，认定涉案人，坚持无罪推定

鉴别被测人是不是犯罪嫌疑人，是犯罪心理测试技术应用于侦查中最重要的功能。经过初期侦查，侦查人员已划定侦查范围，发现了若干嫌疑人，但往往仅有嫌疑点，但没有确凿证据，既无法确认又不能排除，侦查进展缓慢。此时，使用犯罪心理测试技术，对嫌疑人进行心理测试，可以迅速确定被测人是否涉案。如果准确认定嫌疑人，马上集中侦查力量围绕嫌疑人展开讯问和深入调查，可使侦查取得突破性进展；如果嫌疑人全部被排除，将有助于侦查人员重新分析案情，及时矫正侦查方向。同时，及时排除无辜可避免错误羁押，防止出现侵犯人权甚至其他严重问题。

例如某县“3·9”特大纵火杀人案。案犯将汽油桶点燃后投入某个体修理部业主家中，致其全家四口三死一伤。被害人指证一名60多岁退休干部为作案人，该男子被列为重点犯罪嫌疑人。同时，也摸排出另外多人为嫌疑人，并准备对其进行心理测试。根据该案犯罪动机的特点分析认为，重点嫌疑人虽然系被害人指证，但被害人并未直接目击该嫌疑人纵火，而是跑出来追赶纵火者时，看见距离他家几十米之外的该嫌疑人转身进了自己的院子，错误指证的可能性很大，而该嫌疑人系退休干部，已60多岁，家庭及子女等状况良好，与被害

人没有直接的利害冲突，且与被害人不处于同一社会、文化、年龄等层次，一般构不成直接的加害与被害的关系，可能与被害人的查凶动机的选择指向有关，因此，该人嫌疑应下降，应在有矛盾且社会地位、职业、心态、人际等有对应关系的其他人中调查。据此分析，侦查员提及一位未被纳入调查范围的28岁男子，通过分析确定其为拟测重点人。次日测试，正如心理分析，该人为作案嫌疑人。同时，图谱反映，此案涉及两人，随又将与其关系密切的另一嫌疑人叫来测试，确定系涉案知情人，排除了原来的重点嫌疑人。后经取证、审讯等工作，此案迅速告破。

犯罪心理测试技术在侦查应用中可以把握具体案件细节，对于推动侦查工作有重要的价值。犯罪有物质痕迹与心理痕迹两种形态，前者存在于客观环境之中，如现场状态、痕迹物证、视听资料等，而后者存在于被害人、知情人以及犯罪嫌疑人的心理中。与之相应，侦查工作就应有调查物质证据和心理证据的两种方法和手段。犯罪心理测试技术直接以嫌疑人、被害人或知情人为测试客体，是发现、提取被测人相关心理痕迹的一项活动，对侦查工作很有帮助。

例如，某县“2·25”爆炸案，侦查前期调查排摸中，案犯与被害人是亲戚关系，因债务关系（700多元）较少虽掌握，但并未引起侦查员的足够重视，只是将其列为一般嫌疑人。嫌疑人因生活中挫折积累消极心态和不良情绪，让被害人春节前一次催债行为所激发，从而导致犯罪。心测专家排除重点嫌疑后，按照人员矛盾关系等进一步扩大测试范围，通过测试确定案犯，侦查员在犯罪嫌疑人的棉袄袖装下部提取到了残存的微量炸药物证，使疑难案告破。

（二）识别伪证、伪供，缩小侦查范围

证人证言是刑事诉讼的法定证据之一，但一旦犯罪嫌疑人伪供或证人提供伪证，侦查的起点就成为空中楼阁，为了发现和揭穿伪供或伪证，及时依法取证、证实犯罪，必须把心理测试技术这一高科技成果运用到侦查工作中，解决近年来实践中常常碰到直接证据不足、翻供造成证据变化、证据歧义模糊化，使办案人难以定案等难题。心理测试的对象，不仅可以是刑事案件的被告人、犯罪嫌疑人，还可以是与案件有关的证人、被害人等。通过测试，可对其他鉴定结论进行补充和验证，并可用于审查判断证据，以加强证据的明确性，为识别伪供或伪证提供重要的参考依据。

例如某区曾发生一起杀人案。死者为坐台小姐何某，专案组发现个体出租车司机张某有重大嫌疑。即将张某抓获，并从张某的家中搜获手机 2 部，又查清其中 1 部机主为失踪被杀的保险公司营销员荆某。经综合分析判断，将张某列为何某、荆某失踪被杀案的重大嫌疑人并案侦查。张某拒供或作伪供。省厅刑警总队邀请武伯欣教授等对张某进行心理测试，确认了张某伪供，认定张某系两起命案的重大作案嫌疑人。专案组连夜对张某进行再审，张某交代了杀害二人的犯罪事实。

（三）拓展侦查思路，增强办案信心

犯罪心理测试技术的逆向、发散、动态思维特点，对侦查员克服思维障碍、改进思维方式有重要作用。尤其在犯罪心理痕迹动态分析和编题阶段，最能体现犯罪心理测试技术的思维特点。全面客观的心理分析、精确的测题是这一严谨的科学技术的必然要求。而要得到全面客观的心理分析，就必须严格遵守客观分析、对事不对人，发挥发散思维等犯罪心理动态分析的基本原则。这些思维原则的指导使得犯罪心理动态描绘分析既不脱离案件又不缺乏灵活性，在此基础上形成有个案特色的鲜活的测试题目。对事不对人就是为了防止先入为主，一条线进入推断思维，起点就狭窄，路径少，易进入死胡同，越看越像；发散思维是多条线进入推断思维，路径就多，否定一个就迅速转到另一个路径，较为符合复杂的、本身存在多种可能的侦查工作需要。

例如2005年元月，某县发生一起杀死一家三口人的命案，市、县两级侦查部门在勘查后，从只发现一人的可疑足迹倾向于一人作案。武伯欣教授等人在案发后第九天到现场，现场保护非常得力，武教授进入现场后不久，就发现了异常的新情况，在勘查第一个被杀的家庭主妇的尸体拖痕时，武教授发现拖痕较轻，表现是：拖痕整体深度较浅，没有脚部拖地的细道痕迹，似是仅有臀部着地的宽痕迹。如果系一人作案，无论从肩部拖动尸体或是从脚步拖动尸体，尸体在土地面留下的拖痕必然较深，且面积较大，而现场却遗留有较浅的，面积较小的拖动痕迹。

如果能用计算机做毫微米级三维动画模拟的话，现场痕迹能够实现计算机三维模拟还原，其力学分析应当能分析托拽方法和计算出作用力点，还原动作力学的全程三维视图，解决行为的还原问题，说明较大可能是两人半抬半拖将尸体挪进厨房。仅有这点还不足以证明问题，调查表明最后被杀的是男主人，时间接近凌晨，心理学表明：人在夜间多数会产生心理失助感，解决方式要么有人陪伴，要么预先持有手电、工具、防身器具等，从勘查获得的行为人痕迹和活动时间及从现场临时获取工具看，现场应有2～3人作案。专案组扩大侦查范围，将重点嫌疑对象的关系人纳入侦查视线，破案后证明武教授分析的命案系2～3人作案是正确的。

（四）消除防御心理，突破疑难案件

科学的心理测试可帮助攻破嫌疑人防御心理，击溃犯罪嫌疑人的心理防线。许多案件在心理测试后，通过及时科学的讯问，真正嫌疑人终于开口，痛快地供述案情，这与心理测试过程对嫌疑人形成的心理压力、测后谈话的良性诱导以及讯问人员通过心理测试准确把握了犯罪嫌疑人的心理状态与变化这几方面因素的作用有很大关系。

例如 2002 年 8 月，某村宋某夫妇吃晚饭时发生中毒，经抢救，宋妻因中毒较轻获救，宋某抢救无效死亡，经检验发现死者为“毒鼠强”中毒，确定是一起投毒杀人案。经刑侦人员走访调查后，宋妻因经常与丈夫吵架被列为重点嫌疑人，宋妻的妹夫李某是一般嫌疑人。测试人员经对宋妻进行测试，发现宋妻未作案，就此排除宋妻作案嫌疑，然后扩大测试范围对李某做测试，认定李某为本案作案人，李某痛哭流涕，主测人根据李某心理反映进行共情安抚，李某欲言又止，侦查人员抓住时机突审，李某交代了作案过程。

科学的心理测试可激励侦查人员的破案动力。如果侦查人员对案件已有一些分析，经心理测试证实，或划定重点嫌疑人在测后得到确认，原有不确定判断得到了科学认可，那么侦查人员破案信心会得到极大增强。而如果原有分析未得到证实，那么将利于侦查人员重新分析案情，矫正侦查方向，使侦查人员摆脱困境，看到侦破希望，这必将鼓舞士气，激励侦查人员在新的思路下展开工作。

例如 2004 年末，某市一名 34 岁女性晚饭后外出，次日晨其情人返回自己租住屋时，发现该女死于他卧室床上，姿势呈性交状，案犯燃烧衣物但火势没有烧起。邻居在零时许听到被害人说：“你把我打死”的话语，似与其丈夫说话。侦查初期，刑侦发现死者丈夫有许多疑点，推测死者丈夫可能因发现奸情而愤怒将其杀死并伪造现场，遂准备对其采取措施进行审讯。同时，决定应用犯罪心理测试技术对嫌疑人进行鉴定。测试人分析后认为，从案犯的行为特征分析，被害人臀部下垫的枕头，是为了完成强奸行为需要的真动作，还是为了伪装现场、制造假象需要的假动作，是确定本案性质和侦查方向的关键。如是真动作，则死者丈夫作案的可能性极小，因为在愤怒之下，丈夫不大可能在此情境下与其发生性行为；如是假动作，死者丈夫作案的可能性也很小，因为，丈夫愤怒之下将其致死同时完成一系列的行为动作后，不可能顾及到在其臀下垫枕头的假动作，死者的其他姿势状态足以达到伪装现场、制造假象的目的，垫枕头已属多余。因此，死者丈夫的作案嫌疑下降。此案，应扩展侦查范围，并将重点放在有性变态可能的三十多岁至四十多岁的男子中排摸。因为，此案的发案环境，案犯的作案过程，行为动作，尤其是垫枕头和纵火的行为具有一定的变态心理特征，属于变态奸杀的标记动作。此观点引起了有关人员的重视，从而将一年多前发生于当地的另一起与此案具有部分共同特征的女性被杀案提了出来，经研究分析，认为两案并案的可能性极大，应予并案侦查。

实事求是说，心理分析毕竟还需要实证。人们更关注心理测试实证检验。第二天，经过对死者丈夫及另两名嫌疑人的心理测试鉴定后，排除了上述三人的涉案嫌疑，从而使犯罪心理分析判断为大家所接受，为重新调整侦查方向、确定侦查范围提供了新思路。根据对案情的分析意见，侦查员经过大量调查走访，于十几天后的深夜，在发案地不远处抓获了一名符合上述特征的游逛可疑人，经过审讯，该嫌疑人不仅供述此案系其所为，还供述几个月前和一年前所干的另外两起性侵犯罪杀人案。侦查，取得连破三案重大战果。

二、犯罪心理测试技术科学应用前瞻

经过学习研究和办案实践，我们认为中国犯罪心理测试技术在今后应用办案中，必需注意以下两个重要问题。

（一）亟待提高主测人员的综合素质

犯罪心理测试技术，是“人机结合，三分机器，七分人”的测试系统。因此，心测员必须拥有实验心理学、认知心理学、犯罪心理学等心理科学功底，同时要具备刑事侦查、法医、物证技术及法律等方面知识。如果办案单位找来未经五年系统学习和实践的法医做法医检验，如同病人让毫无资质的门外汉看病一样危险。任何短训速成的心测员培训，接之就想心测办案，危害肯定显而易见。唯有立足华语民情学研和应用，才利于心理测试技术起步。

（二）必须严格控制被测人员的测试条件

心理测试办案，实质上是严格的心理学实验。首先，被测人必须处于正常身体机能状态下，无精神疾病、无智能障碍等情况，同时，被测人必须无不宜测试疾病，无服药、无醉酒、无吸毒等不良情况，被测人必须听觉、视觉正常，智力及语言能力正常。测试办案的环境、卫生、温度、湿度、色调、噪音、安全等要达到心测实验规定标准。

综上所述，心理测试技术已纳入刑事技术工作。经过多年对这项技术的学习研究和实际办案，甘肃省心测技术人员已经积累一定的实践经验，已初步形成多人多学科的技术力量。同时，甘肃政法学院特聘教授武伯欣为导师组长的犯罪心理测试技术专业，即将面向全国招收心测技术硕士研究生。我省应利用高水平理论研究的优势，通过加强犯罪心理测试应用办案，积极将脑电（ERP）和脑核磁共振（fMRI）技术应用于犯罪心理测试，促进心理测试技术的健康起步发展，我省也会在这一领域走在全国公安机关的前列。

（《甘肃警察职业学院》2007 年第 2 期）

中国心理测试技术在基层科学办案实践

河北省霸州市公安局　白向前

河北省霸州市，位于华北中部平原，是隶属廊坊地级市的一个县级市。它北接首都北京，东望天津、渤海，西靠保定及太行山，素有“京津保”三角地带称谓。在古代，这里又是辽宋边关、兵家必争之地，后周柴荣即位后，改三关为雄州（后改为雄县，即现在的雄安新区）、霸州，彰显了地理位置的重要。特别是改革开放以后的霸州，凭借独特区位优势，经济快速发展，特别是有“胜水荷芳”美誉的胜芳镇，金属、玻璃、钢木家具产业不断壮大。在创造大量财富的同时，也吸引了各地大量务工人员聚集霸州，这中间不乏图谋不轨、想“走捷径”暴富的犯罪人混杂其中，他们动辄杀人、抢劫、盗窃作案，给霸州的治安环境造成很大的负面影响。上世纪末，霸州的命案、大案高发，有时甚至一个月内发生多起命案要案，给霸州公安带来严峻挑战，如何及时侦破发生的案件，保证人民群众安居乐业，为经济发展保驾护航，是摆在霸州刑侦人员面前的一道棘手难题。

一、体验心理测试扎根基层

霸州刑侦工作的困境，也是全国刑侦的突出问题，为适应形势变化，严厉打击犯罪，各地公安机关均进行了必要的改革。1998 年，河北省责任区刑警中队正规化建设现场会在霸州召开，我局领导站在全国刑侦前沿的高度，求变创新，对刑事技术加大投入，并注重新技术手段开拓与尝试。经当时局领导与中国人民公安大学武伯欣教授多次请教并实地考察后，决定引进心理测试技术，并购置了公安大学等部门研发的 PGA-98 心理测试仪器一台。

我当时二十三四岁，警校毕业三年，刚由巡警队充实到改制后的刑警大队。开始当责任区中队民警，负责刑事案件侦破。日常办案中我比较细致，对痕迹物证有浓厚兴趣，引起了大队领导关注，1998 年底把我调入技术中队，并派我到公安部物证鉴定中心学习痕迹检验。学习回来，正赶上已购置的心理测试仪需要专人学习使用，经领导决定，派我与中国人民公安大学武伯欣教授联系到公安大学系统学习。

1999 年 4 月 21 日，我按照约定赶到北京，在中国人民公安大学见到武伯欣教授，他给我做了十天左右的短期培训。当年的武教授，四十多岁，身材中等，身躯宽厚，能给人留下深刻印象的，一是他戴着一副近视眼镜，好像是要把自己的目光隐藏在厚镜片后面，而以不易被对方察觉的犀利目光观察对方似的；二是他操一口标准普通话，说话中速偏慢，对每个字的发音都力求清晰，口型丝毫没有省略，使人听起来有抑扬顿挫的感觉。武教授上课的地方，在公安大学北门内右侧一楼房二层的心理测试室，由于是临时培训，所以学员只有我一个人。武教授在没有大学授课任务时，会来这里专门给我讲课。讲课教材是一本《普通心理学》，一本《犯罪心理学》和《公安大学学报》（1998 年第 2 期）。他先从心理学基础理论包括认知、情绪情感过程、意志、个性，遗忘的规律，犯罪动机和外化行为等讲起，直到心理动态分析原则、编题关键词单一性，图谱分析皮肤电曲线先下降后上升的意义，等等。十天下来，武教授把心理测试技术概要讲解了一遍，而对于我这个初学者来讲，只是对心理测试技术感受到满满好奇和初步了解。在讲课末尾，武教授因为要外出办案，由公大心测中心特邀研究员张祖丰讲了一天课。

张祖丰，PGA心理测试仪硬件主研人，与武伯欣教授合作多年，对心理测试有很深造诣。他在课的后半段，让我上机操作模拟测试。张祖丰要测我出生月份，要求我在纸上写下六个不同月份，其中一个是我真实的出生月份。我在写月份时，忽然发现当天就是我生日，心中不禁一动，倒想考验一下心理测试的准确性。经过两轮测试，张老师排除了三个月份，但在我另三个月份中，仪器均有不同反映，不好认定哪一个答案。这时，我忍不住笑了，说今天就是我生日。我内心一直在想着这件事而暗自发笑呢。张老师借机给我解释了心理测试过程中对被测人的注意力、反常表现、反测试及对其观察要注意的问题，使我对这项技术又多了一些认识。

二、在侦查办案中细心摸索

从公安大学学习回来，为了尽快熟练掌握这一新技术，尽快把心理测试仪用于侦查破案实践，我每天在工作闲暇，都要到心理测试室里学习培训内容、笔记及模拟训练。霸州市局心理测试室，是在霸州召开河北省责任区刑警中队正规化建设现场会时就建好的。这是一间按照公安大学心理测试室建造的专门测试室，利用刑警大队二楼西侧一间较安静空房间，门口向北，先在门口内一米处另隔一隔断，房间和隔断门口均安装了隔音门，并在隔断上安装了专用单向玻璃，外间作为隔音、观察室，里间是测试工作室。测试工作室三乘三点五米见方，在靠东墙南侧位置横向摆了一个长电脑桌，上面放置心理测试仪和笔记本电脑。电脑桌南侧有两把普通椅子，供主测人员用。电脑桌北侧安装了带宽扶手、结构稳固的专门测试椅，面向东摆放，是供被测试人在接受测试时使用的。房间为了保证足够的光线和温度，安装了适宜的灯具和空调，并且为了在测试时减少对被测试人的干扰，房间墙壁均安装了白色的吸音板。同时为了更好地观察被测试人的状态。在房顶西南角处及与被测试人坐姿眼睛同高的东墙吸音板缝隙内，安装了摄像头，与监控室屏幕相连，这样坐在监控室屏幕前，就可看到实时测试情况。

这一时期，局、大队领导给了我很大帮助。为了尽快让我独立操作，单位领导会找一些影响不大的案件，让我实际测试，增加办案经验。有时在抓获犯罪嫌疑人后，在入所前也会让我进行测试，观察真正嫌疑人的测试数据。通过多方面学习，我的心理测试仪器操作逐渐熟练，心理测试技术有了一定提高，在自己摸索的三四年中，共实测案件十多起，大部分是排除的结论，就是作出认定结论的案件也没有突审下来的案件，想来是因为我自己对结论不那么肯定，所以大家对我的测试结论的信任度还不是很高吧。

在我摸索学习阶段，河北邢台某县公安局得知霸州有心理测试技术，主动赶到霸州，要求对前段时间在其辖区内的杀人命案进行测试，并且带来了该案的犯罪嫌疑人。我局领导很重视兄弟单位的求助，专门要求我尽快了解案情，对该案的犯罪嫌疑人进行心理测试。

经办案人员介绍，此案被害人为一中年妇女，案发地在她的棉花地内，她在摘棉花时被人欲行强奸，将裤子扯坏，后犯罪嫌疑人将其杀害。在案发的时间段，有村民见到某男在案发地附近出现过，但经讯问，其对犯罪矢口否认，由于又没有提取到其他证据，案件陷入僵局。鉴于该案的特殊性，是办案单位带犯罪嫌疑人到霸州进行测试，我也只好继续工作一番。在拟定好心理测试题后，在心理测试室我对该案的犯罪嫌疑人进行了两次测试。经测试，该犯罪嫌疑人对部分目标问题及少数陪衬问题有特异性反映，于是我谨慎起见，下了倾向认定涉案嫌疑的结论。得到这个结论，办案人员高高兴兴地押着犯罪嫌疑人赶回邢台了，我并没有过多关注此案的进展。一直到几年后，该县侦查人员又到霸州办案，提及此案，说该犯罪嫌疑人回到当地，就交代了全部犯罪事实，此案已经顺利诉讼。

其实，武伯欣教授在授课时要求心理测试人员必须要亲赴现场，感受现场方位、环境特点、交通路况、光照强弱等发案环境，捕捉犯罪人在作案时独特的心理特征，是把握犯罪人心理动态、对犯罪进行心理分析的基本工作，是不可缺少的。此案只是一个特例。

三、初随武老师实测办案

2003 年 4 月的一天，临近中午，我正在单位上班，突然接到武老师（北京培训回来后，我和武教授日渐熟稔，以后就直接称呼武老师）来的电话，称去沧州献县办案，希望我一起去，要我向单位领导马上请示。单位领导知此消息很是重视，认为这是我提高心理测试技术的大好机会，立刻同意我全力配合武老师办案。半小时后，我在霸州 106 国道边上，等到献县公安局去北京接武老师回程的汽车，我带着心理测试仪和笔记本电脑上车后，车子一直向南驶去。

在南去的汽车上，武老师和献县的办案人员向我简单介绍了案件情况。2003 年 4 月 12 日早上，在献县经营汽车配件、维修的蔡某运起床打开门市部后，发现在其门口有一个陌生的工具箱，正对门口放在地上，不知是谁放的，也看不到里面有什么物品。出于好奇，蔡某运轻轻地打开了工具箱的上盖，只听“轰”的一声巨响，工具箱爆炸了，里面的金属块碎裂后并向四周飞射，将蔡某运当场炸死的同时，也打破了县城早晨的宁静。经献县公安局侦技人员现场访问及勘查，认定这是一起有预谋的自制爆炸物杀人案，犯罪嫌疑人目标明确，手段特殊，性质极其恶劣，也给当地百姓的生活造成了极大恐慌。经过排查，找到了几个与蔡某运相关又有矛盾的重点嫌疑人，但是经近半个多月的调查和摸排，侦查工作也没有进展，案件陷入僵局。

我们达到献县后，献县公安局安排我们住进宾馆，并在宾馆武老师的房间，请侦查、现场勘查及法医等召开了案情分析会。在分析会上，武老师了解到目前现在不能排除的几名嫌疑人，有与被害人有经济矛盾的耿某江，有在老家与被害人十几年前因宅基地问题有冲突的郭某勇，有与被害人打过架的李某建。这时，当侦查员想详细介绍这几名嫌疑人可疑之处时，被武老师挥手拒绝了。武老师说，心理测试的一个重要原则就是对事不对人。每一个被测人，在没有测试前都是平等的，都是有嫌疑而已。详细了解嫌疑人过多情况，会影响心理测试人的判断。再有，心理测试要求在案件侦破过程中尽量发散思维，不要过早陷入聚合思维，不是看谁有疑点就只认定这个人，进而放弃了其他线索的调查。如果排除了这个人的涉案嫌疑，就很容易造成侦查破案陷入僵局。所以，要对案件的每一个可能性都要考虑进来，要逆向思维，尽量穷尽可能性，争取形成一个闭环状态——真正的犯罪嫌疑人要包括在被测人圈内。武老师要求侦查员连夜重新分析案情，争取找到新的矛盾点及可能的嫌疑人。

第二天，在宾馆临时布置的测试房间，武老师和我对该案嫌疑人进行了心理测试。经过测试，很快排除了耿某江、郭某勇、李某建的涉案嫌疑。这引起在外配合侦查员的低声议论，表示对心测结论怀疑。武老师没做解释，只是问还有没有其他嫌疑人。侦查员说，还有一个名叫李某信，是昨晚分析会后根据武老师建议临时排查出的。他是蔡某运汽车配件门市的邻居，也经营汽车配件。由于是同行，免不了有竞争，又是挨着做生意，免不了今天你占了一些车位、明天他在你家门口泼点脏水等小摩擦。武老师说，好吧，那就叫他来吧。结果两遍测试后，李某信对测试目标题的特异反映明显。武老师直接下了倾向认定作案的结论，告诉侦查员马上针对李某信展开调查、审讯工作。

心理测试结束后，由于还有其他案件，我和武老师马上就返回了。隔了一段时间，接到献县刑警的电话，兴高采烈地说爆炸案件已告破，就是最后测试认定的李某信，因为生意竞争作案，并且找到了其制作爆炸物的物证。当地老百姓听说用了“测谎”技术，都非常信服，致使这一段时间献县城乡的发案数都明显减少了。听到这个消息，我也很兴奋。这是我跟随武老师外出研办的第一起案件，既取得了成功，还产生了极好的社会影响，对我个人来讲，深刻体会到了武老师上课所讲的“入流而不陷入”“发散思维”等犯罪心理动态分析原则的重要性。这以后更激发了我潜心研究心理测试技术的决心。

四、言语心理刺激强大

跟随武老师献县办案后，武老师为了培养我这个离他最近的基层心理测试骨干，多次带我外出办案，加强对我的理论与实践指导。我也在这个过程中刻苦学研并迅速提高，将武老师讲课、实验知识技能，与实际办案应用更好结合起来。对于这项技术，给我感触最深的，就是言语心理刺激强大。

首先，从名字上来讲，心理测试是检测人心理活动的，也就是老百姓俗称的“测谎”。人们常说“人心深不可测”，指的是一个人很难洞悉哪怕是近在眼前的另一个人的心里的真正想法，但是现在有心理测试仪器，只要给你戴上传感器，通过检测过程，就知道你心里所想，这对于心里有鬼的人来说，本身就是一个不小的心理压力。

其次，从测试程序上讲，一是进行心理测试工作前，要求被测人员吃饱以保证正常体能，所以在测试前我们经常要求提前把被测人集合到一起，统一进餐，无辜的人由于心态放松，会很愉快进餐，而真正涉案人在此时会心事重重，他不知道下一步要干什么，不知道按要求配合进餐对他有利还是不利，而会借口吃不下不配合进餐，或者为了避免暴露自己而假装进餐，实际上吃得很少甚至根本没有吃。二是在进行心理测试工作前，会要求所有被测人在一起，要求他们签一个就案件自愿接受心理测试的书面材料。对于无辜者，只是轻松签字就可以了，但对于真正犯罪嫌疑人，也会心理压力增大，既有想蒙混过关的侥幸，又有怕暴露想拒绝的冲动，但拒绝后果可能就是过早暴露自己，会在其心理上造成“两难”，在表情、肢体上会有所显露，而在行为上会有既不积极配合签字，又为避免落后而又在别人快完成时积极的反常。所以说，对被测人来讲，心理测试过程本身就是一场心理战。通过提醒侦查员留心观察每个人的配合情况，使正常配合的被测人的嫌疑下降，使反常配合，甚至不配合的被测人的嫌疑外显增多。这也是心理测试评判的内容之一。

这方面典型案例，就是河北安新县的拒测案件——

2004 年 1 月份的一天，武老师约我到河北省安新县研测案件。同去的，还有中央电视台曾晓蕾、张韵两位女记者。

两年多前秋日的下午，住在白洋淀边的某村民在和别人闲谈时，在近旁玩耍的 6 岁儿子莫名失踪了。警方介入调查约一周后，有人给家属打电话说知道孩子的下落。听声音，打电话的人像是同村的李某。经警方查找，李某没有在村内，而是与同村郭某一起坐公共汽车去了北京。经过工作，警方在北京草桥附近一出租房内找到了郭某，而郭否认曾与李某同行。警方将其带回安新审讯，郭某交代此案是赵某指示李某干的，李某又找到郭某要他帮忙，但他并没有动手，只是给李某望风，看见李某将孩子扔到白洋淀淹死了。由于赵某没兑现承诺给钱，案件查得又紧，所以二人到北京避风头了。到北京后，李某不知去向。按照郭某指认，在白洋淀某处水边果然打捞到孩子的尸体。郭某还主动交代，其在李某离开时拾到一盘李某无意掉落的磁带，上面李某讲了自己将孩子抱走后，在某处水边绑石头将孩子淹死经过的录音，也得到了认定。抓获赵某后，其交代了雇用李某杀人的事实，但对郭某，能肯定他参与了作案，但是他在案件中的具体角色和作用不好厘清，现在找不到李某，只有郭某的供述而无法印证，证据不足致郭某被关押近两年而无法结案。

我和武老师一起察看发案环境、一起动态分析犯罪心理、一起拟定心理测试题目，做好心测准备工作后，我们在宾馆临时布置的会议室里准备进行测试。但是，一个测前不足之处是郭某从看守所被提押出来后，始终一言不发，也不吃饭补充体能，只是在沉默中观察我们的活动。我们只好先按程序进行测试。测试室由武老师和我做主测人，央视两名记者隐蔽在被测人郭某的身后，准备开始测试时摄像，采集实测资料，办案单位的侦查员站在被测人郭某的身后，是特意为保障安全的。实测前，武老师照常和被测人郭某进行了测前心理访谈。当谈到要做鉴定看郭某与此案有无关系时，他居然说了“同意”，并当场在一张提前准备好的A4纸上写了“同意做心理测试”，在下面签了自己姓名。但当我让郭某按要求坐在测试椅上，准备给他佩戴传感器进行实测的时刻，出现了一个猝不及防的情况——

郭某站起来，挪动一下身子之后，猛地扑向桌子，抓起那张签字纸，“嚓、嚓”狂撕两下，然后一把塞进嘴里，也就一秒钟的时间，便开始高速咀嚼，完了就努着眼睛硬往肚里吞咽。由于上下牙床的大开大合，加上艰难的吞咽，整个脸形被扭曲成极滑稽的愤怒状态……

我们对郭某的这段表演，可以想见他作出如此疯狂举动的心理压力之大。在场的人都愣住了，我们没想到会发生这样的事。心理测试要求须征得被测人的同意，不能强迫进行。所以，我们都没有上前制止他，只是静静地看着郭某的表演。最后，武老师问郭某这是什么意思时，郭某大声喊："我不同意测试、我不同意测试！"

郭某被带走后，安新警方对这次的测试被中断感到非常遗憾。武老师说，尽管实测没有进行，但是进行测前访谈的过程，加大了郭某的心理压力，加重了他的负罪感，郭某的表现证明了他内心的冲突相当激烈，比实测的效果并不差。武老师根据案件进度，除要求借心理测试的压力抓住时机突审外，还要扩大侦查范围，包括到北京及周边各分局实际走访，看看在此案的案发后一段时间内有无无名尸体及未破命案，争取查找到李某的下落。

在回程的车上，我还沉浸在那令人咋舌的一幕中，我看看坐在前排的武老师，一个说话温和的中年人，我旁边的两名央视记者，都刚刚二十多岁，参加工作没有几年，在测试前我们还相互调侃戏谑，加上刚满三十岁的我，只用轻言缓语，就让一个壮年男子内心近乎崩溃，动作完全失态，这真正让我感受到了言语心理力量的强大。

事后，安新警方与北京警方联系，找到 2001 年 10 月 8 日丰台分局辖区内一个无名尸命案，经 DNA 检测，确认是失踪的李某。在证据面前，郭某交代了同李某到北京，哄骗李某录音承认一人犯罪，后将李某杀害焚尸的犯罪事实。

五、主流媒体关注与报道

心理测试技术办案，引起人们对这项技术的持续关注，人们渴望了解这项技术，揭开这项技术的神秘面纱。这其中，推动这项技术走进人们视野的，新闻媒体的作用很大。

2001 年起，武老师多次走进中央电视台，接受过《东方视点》

（东方卫视）、《新闻调查》（CCTV-1）、《新闻会客厅》（CCTV 新闻）、新闻夜话（CCTV-12）、《法制在线》（CCTV 新闻）、《实话实说》（CCTV-1）、《百科探密》（CCTV-10）、《秘境追踪：说出真相》（CCTV-10）等的专访，我也先后接受《河北法制报》、河北电视台《警方报道》、《廊坊日报》的采访，介绍心理测试技术原理与侦破案件，科学普及心理学及心理测试技术知识，扩大了侦查技术影响力。其中，我印象最深的是随武老师、顾红梅走进中央电视台《实话实说》的经历。

2004 年 4 月 16 日一早，我和顾红梅在武老师家集合后，一同打车到北京西郊一处安静小院，这是中央电视台《实话实说》栏目组办公地点。院内有一栋楼，上二楼后有人专门接待我们。在会客室稍事休息，栏目组人员说，就在这个楼层一间办公室内，昨晚被盗了一张光盘。经查看监控，有三个人在昨晚不同时间段分别单独进过该办公室，经询问，三人均不承认拿了光盘。光盘到底是被谁拿的，现在不清楚，要我们先破案再录节目。我一听，得，这是要现场考验我们呀，搞清楚了露脸，搞砸了这节目就没法上了。武老师听了微微一笑说，好吧，既然人家有需要，咱们就先测一下这个案件。说完，我们三人简单看了看丢失光盘办公室情况，就研拟测试题目。由于是模拟测试，只出了二十几道题。又在另一间办公室内简单布置一下，安装好心测仪，在同步摄录像的同时，由我和顾红梅操作，对昨晚进过该办公室的小 D、小 H、小 L 三人进行心理测试。顾红梅操作仪器主测，我操作电脑协助。顾红梅，是武老师在公安大学培养的心理测试技术专业女硕士，年龄比我稍长，现在北京市警察学院侦查系任教。顾红梅毕业后，经常和武老师或我协同办案。

第一个接受测试的是小 D，待他在测试椅上坐好后，顾红梅在心理访谈后，由我把皮肤电、呼吸、脉搏传感器给小 D 佩戴好，嘱咐他对听到的问题实事求是以“是、不是、知道、不知道”等简单作答就可以，如果感觉问题不好答，可以保持沉默，在测试中放松坐好，眼睛平视前方墙壁即可。小 D 表示听懂了。测试正式开始，顾红梅把测试题目按顺序对小 D 提问，我除了操作电脑，还和顾红梅一同盯着电脑上的曲线，看他对目标问题有无异常反映。经测试，我和顾红梅排除了小 D 的嫌疑。接着以同样步骤测试小 H，小 H 是女性，同样也排除了她的嫌疑。最后是小 L，这是一个年轻小伙子，经同样步骤测试，我和顾红梅发现他在目标问题上有特异反映，于是认定小 L 就是从办公室拿走光盘的人。测试到此，小 L 忍不住笑了，他从测试椅上站起来，从自己裤袋内拿出了那张光盘。至此，上午拍摄告一段落。

下午 5 点钟，我们按照约定，来到中央电视塔一层演播大厅录制现场。在中央电视塔广场，我们见到贾国勇先生，他对中国心理测试技术很感兴趣，特意给我们三人拍了一张照片留念。后来，我还收到了贾国勇先生写武老师运用心理测试技术破案的著作——《测出的不仅是心跳》。我们进到演播大厅，现场已经来了很多观众，大家都在小声议论、猜测着今天的话题和嘉宾。节目组人员把我和顾红梅安排在第一排最里手座位上坐好，又安排现场观众坐好，各项事项准备好后，录制开始了。先是主持人和晶走上演播台，一段开场白先给心理测试卖了一个关子，然后郑重介绍嘉宾武老师并邀请武老师上台。武老师在大家掌声中稳步走上演播台，面带微笑向观众挥手致意，坐在了嘉宾席上。接着，和晶说，对于心理测试技术，到底准不准，能不能辨别出罪犯，请看我们提前录制的节目。大屏幕播放了上午模拟测试案件，直到小 L 从自己裤袋内拿出那张光盘。这时，大厅内观众响起热烈的掌声，同时，和晶特意介绍了我和顾红梅，镜头推向我们，给了我们一个特写，我们也向观众微笑示意。

镜头回到演播台，和晶继续说，案件的成功，就是这台心理测试仪的功劳，别看它只是一个三四十公分见方、十来公分高的金属盒子，可是谁都骗不了它。说着，她用手指了指我摆放在演播台桌面上的 PGA98 型心理测试仪。和晶请武老师详细介绍这台仪器，武老师说，心理测试仪并不是检测人的谎言，它只是像医院里的仪器一样，测量人的特定心理生理指标。成功办案，与其说是仪器的功劳，还不如说人的功劳更大一些。心理测试技术，是“人机结合，以人为主”的技术。在应用办案中，仪器作用只占三成，人的作用占七成。如同一把手枪，在普通人手里命中率不高，但在神枪手那里就能发发命中。武老师就心理测试技术的心理学基础、发展状况、应用破案实际进行了半个多小时的讲解。过了一段时间，编辑完成的录制节目，正式在央视一套《实话实说》栏目播出，取得了非常好的社会反响。

六、自我学研与实践结合

武老师的悉心指导，使我对心理测试有了更深的认识，对心理测试技术的运用也日臻熟练。周围地市兄弟单位都知道霸州有心测技术，所以在侦查遇到疑难案时就会来请我一起研测案件。随着办案数量增多和经验积累，更加丰富了我的实战经验。在不断实战的同时，我并没有停止对专业知识的学习，除了多看参考资料外，还先后参加了在郑州举办的“测谎培训班”和武老师在深圳警校举办的心理测试技术培训班。我特别认真地通读武伯欣、张泽民合著的《心证》一书，对书中许多心理测试知识点都做了摘抄笔记。我有感于武老师对事业的专注和执着，有感于 2003 年武老师大病后仍“心中还有梦”，随笔写下一首七言诗以表达敬意：

卅载求真暮复朝，
为将宵小心证描。
出师何必披金甲，
只笔手中亦作刀。

2005 年 9 月 22 日傍晚，河北省三河市公安局接到报案，三河市燕郊二中部分学生在吃晚饭过程中昏倒。经调查，出事地点位于燕郊二中北二餐厅内，共有 40 余名学生发生中毒迹象，其中 18 人病情严重，被送往北京 263 医院治疗，其余中毒学生在三河市医院接受治疗。经对食物及中毒人员的呕吐物的物证检验中，发现在餐厅晚饭粥及呕吐物内有毒鼠强成分。案情重大，引起三河市政府、廊坊市公安局的高度重视，北京部分报纸及网络上也对此事件进行了报道。在侦查过程中，该餐厅承包人蔡某全反映该餐厅工人马某国在 9 月初因介绍工人到该餐厅工作的问题与其有矛盾，同时该餐厅工人赵某欣与马某国同村，关系密切，二人有作案嫌疑。为慎重起见，三河警方将该餐厅所有人员二十多人全部带回燕郊分局接受调查。但是经一夜的连续工作，由于没有直接的证据，案件没有实质性进展。

时任三河市公安局政委潘分生是霸州人，在霸州市公安局做过技术员、侦查员、副队长、刑警队长，1999 年刑侦体制改革升任主管刑侦副局长，对心理测试技术引进他也是主要倡导者之一。潘分生政委于 23 日一早直接打电话给霸州，要我携带心理测试设备马上赶到三河燕郊，有重要案件。接到老领导的命令，我立刻自己开车带设备在中午时分赶到了燕郊公安分局。鉴于案情重大，需要接受测试的人多工作量大，我特意邀请顾红梅一同对此案进行分析测试。

我们研拟出心理测试题目，并于 23 日在燕郊分局对该餐厅的所有员工进行了心理测试。结果是，包括马某国、赵某欣在内的所有员工全部被排除作案嫌疑。在测试结束反馈后，侦查人员又进行了线索的再排查、再发掘，经深入调查，有人反映该校膳食科会计于某旺（男，28 岁）在当天下午到过该餐厅，且其当日上午曾被调换工作。事不宜迟，经领导批准，侦查员很快于 23 日晚找到于某旺，经我和顾红梅对其进行心理测试，直接认定了于某旺的作案嫌疑。测后突审一个小时，犯罪嫌疑人于某旺就交代了因对调换工作不满而在餐厅内投毒的犯罪事实。廊坊公安局政治处记者对我参与侦办这起案件的专访，于 2006 年 1 月份发表在《廊坊公安》上。2006 年 2 月 13 日，《人民公安报》第五版治安保卫周刊以《解疑攻坚见真章》为题，对我应用心理测试技术准确认定此案犯罪嫌疑人也进行了报道。

七、辨识心理测试理论方法

随着媒体跟踪报道，各级办案单位对心理测试技术有了更全面的了解，每当遇到疑难案件就会想到心理测试技术，并试图运用这项技术来攻克难关。特别是公安部提出“命案必破”的口号后，各级公安机关加强了命案侦破力度，使心理测试技术迎来了应用高峰时期。有时候，武老师和我刚刚在某省火车站下火车，就接到他省办案求援电话，我们今天在去某一发案地的车上，马上又得预订明天赶赴另一案发地的机票，来回往返奔波忙碌着，辛苦且兴奋。

2006 年 11 月份，我和武老师赶到河南省通许县研测一起命案。接站汽车把我们带到公安局时，是办公室主任在等待迎接我们，而不是按惯例是侦查部门的领导、有时甚至是一把手局长接待我们，以示对案件的重视和对我们的尊敬。办公室主任解释说，河南命案上级要求紧，基层压力大，出了命案一把手局长就带队到案发地蹲点破案去了，案件不破是不回来的。武老师说，那就别进公安局了，咱们也到现场吧。于是，车头一转，我们直接向案发现场奔去。

在案发村里，我和武老师察看了发案环境。2006年10月某天晚上，村民李某水因棉花地时常被人破坏而去地里转圈，结果未归。十多天后，有人在村南河堤内发现了鞋子和血迹，后扩大搜索，在河内发现了已经死亡的李某水，经法医检验，李某水死于颅骨枕部骨折，系他杀。侦查员调查发现，李某水妻陈某常与多名男性有联系，性关系较复杂。同时，李某水还因土地、电线杆等事与他人有纠纷。由于发现尸体时间距离失踪时间较长，所以有的嫌疑人并没在村内，部分侦查员已外出办案多日，而在村内的侦查员通过连续工作，包括对陈某多次询问，均没有实质性的进展。

案情分析会上，武老师说，随着经济发展，人口流动增加，造成了农村、特别是像河南、安徽等省份农村的大部分男劳力外出务工，剩下妇女、老人、孩子留守家园，这直接造成了人口比例失衡，导致性过错、性犯罪增多，所以，明天先要测被害人李某水的妻子，再测其他相关的嫌疑人。

第二天，我们先对李某水妻子陈某进行心理测试。当武老师问到“李某水被伤害的事，是知道是谁干的吗？”“是一个人干成的吗？”时，陈某先是沉默不语，后又欲言又止，还在小声嘀咕中伴有“是”的回答。两遍问题测试后，武老师当即和侦查员说，陈某已涉案知情，其他人先暂时不用测了，先从她这个方面入手调查涉案嫌疑人。由于没有太多停留时间，武老师和我没等案件调查有进展，就离开了通许县，后来，武老师提到了这起案件后续，陈某提供了和她讲过类似“下手”话的相关人，该案已成功告破。

心理测试技术，说起来好像特神秘，其实并不神秘，它是建立在认知心理学、犯罪心理学、社会心理学、实验心理学、侦查心理学等学科上的一门综合性技术，说到底，它是对特定人员所做的一项心理实验，是心理实验在现实中的实际运用。心理测试技术用于实际办案过程，必须严格按照心理实验对实验室环境的各项要求，高度注重实验条件控制的重要性，避免多种无关因素对测试结果的影响。

心理测试技术在国外已有100年的应用历史，在中国应用办案也已有近30年，其科学性已逐渐为人所认识。心理测试理论界存在“测谎”还是“测真”的争论。支持“测谎”的一方讲，心理测试是测人的谎言，即人说谎后害怕暴露的生理反应。而支持“测真”的一方说，心理测试技术是测人对特殊事件的心理痕迹。心理测试科学理论是：一个人对自己的特定行为，会在大脑中形成认知、记忆、思维痕迹，日后当此特定行为被提及时，其大脑中的言语认知活动会引发一系列心理生理反应活动，这些反应活动通过直接观察很难把握，但能被灵敏度较高的心理测试仪器所探知，并以人能感知的数据图谱形式和外显特征表现出来。

通过对心理测试技术十几年的学习，我认为，以上两种理论只是心理测试技术发展中不同阶段的学说罢了。心理测试技术，并非现代才出现的。从奴隶社会起，人们就开始了对自身说谎的探索。最早出现的“神裁法”的水试、火试、米判法，到所罗门判二母争子案、中国西汉时判争子案的智力型测试法，都是从人外显行为检测人的心理压力。现代心测技术的呼吸、脉搏指标，是从人直观的生理指标的变化检测人的心理压力。而皮肤电指标的被发现利用，既有人的心理压力影响，也有人自我认知带来的生理指标的变化。

随着心理检测方法的发展，测试结果的准确性也在逐步增高。现在通用的、占主导地位的皮肤电指标检测，不只是检测了人的情绪变化，还有人的认知的反应，这两种心理变化作用于皮肤电指标图谱曲线的反应，是综合性的。我认为对真正犯罪嫌疑人的心理测试，皮肤电指标的变化中心理压力占比可能大一些，对于通许县这起案件对知情人的心理测试，皮肤电指标变化中认知反应占比可能大一些。现阶段研究用的类似指标还有眼动、脑电、磁共振等。纵观心理测试发展历程，必然是从外显行为推断到心理压力言语检测再到内心自我认知检测，从低级逐步向高级发展、从外周逐步向内心递进，而每个过程间的转换不是截然分开、互不关联，而是相互交叠的。对人的认知检测，是心理测试的终极目标，也是人对自身最高的认识。在对人的最高认识的阶段，依靠现在的检测方式、检测手段是不可能全部完成的。因此，一定要靠现代心理科学发展，积累足够实验数据，从量变到质变，科学实践探索，揭示人的思维、记忆、言语传递的真正本质，从而为科学解读人脑找到可靠的新途径、新方法。

对于此项技术称谓，“心理测试”已经中国官方确认，能够涵盖世界心测技术发展历程各个阶段，因此我认为最为适宜。“测谎”一词，只是民间通俗说法，只是心理测试发展中的一个较低级阶段的称谓。因此，用“测谎”命名这项技术是不全面、不严肃，同时也是不科学的。

八、排除无辜者的功效

中国心理测试技术，是侦查、审理案件的辅助手段。在案件侦办适宜时段使用中国心理测试技术，可以加快案件侦查、审理进程、推动司法工作向科学纵深发展。中国心理测试技术对侦查破案的主要作用：一是有助于及时准确排除无辜者，从根本上杜绝冤假错案。二是及时准确认定涉案嫌疑人，揭露事实真相，在法定时限内节省人力物力，提高办案效率。三是可以扩大侦查范围，发现新线索和对证据进行有效的甄别。我认为，由于心理测试技术水平在现阶段参差不齐，能够准确地排除无辜，最为迫切和首要。

2014年7月22日，霸州市公安局110接报，堂二里镇十字路口西北树林地一偏僻空屋内发现一具尸体。侦查、技术人员赶赴现场后，发现死者为女性，仰卧于空屋灶台上，衣物被褪下，身上压有条石，头部有钝器伤，系他杀。由于天气炎热，尸体已高度腐败。经多方查证，确认被害人叫张某洪，永清县人，暂住天津王庆坨镇，从事松花粉直销工作。因有人通过微信找她联系生意，其于17日乘坐公交车到堂二里镇，17时许在十字路口下车后失踪。通过十字路口监控录像显示，她下车后一直摆弄手机，很可能与他人在聊微信，而通过微信联系她的这个人有一定作案嫌疑。由于现场没找到张某洪的手机，无法直接确定她的微信联系人，加之堂二里镇十字路口附近汽车流量大，人员多且复杂，使案件一时难以找到重点嫌疑人。

三十多人的专案组，经过十天不分昼夜的连续工作，案件依然没有进展，继而使专案组领导对案件的侦查方向产生了动摇，对报案人的可靠性产生了怀疑。8月2日，接到局领导指派，我和同事王金铎携带心理测试仪赶到信安刑警队，对该案中的报案人杨某喜和另两个在案发时间段出现在现场附近的王某昆、李某林进行心理测试。王金铎是搞痕迹检验的，2009年参加了武老师在兰州市甘肃政法学院主讲的第九期心理测试技术培训班，之后武老师又多次带他外出办案，增加他的实测经验，大大提高了霸州心测技术点的实力。

测前准备工作，我们先查阅案卷，又去了案发现场，实地察看发案环境、交通路况及被害人行走路线及尸体位置和姿态。我们对案发当时作案人的心理过程，进行了犯罪心理痕迹动态分析，捕捉刻画犯罪嫌疑人在作案中特有的心理痕迹和外显行为，按照作案人的来历、年龄、犯罪原因、认识见面过程、到现场后互动及处理现场等的顺序，我们拟定了10组共50道心理测试题。在对报案人杨某喜和王某昆、李某林进行心理测试后，我们顺利排除了三人的涉案嫌疑。尤其是报案人杨某喜，虽然他同样到过案发现场，知道案发现场具体情况，虽然心理痕迹是看不到的无形痕迹，但是由于被测人没有经历过犯罪行为，他就没有犯罪嫌疑人所独有的犯罪心理和犯罪状态，因此他的测试图谱肯定没有异常反映，对他的评判是非常客观、公正的，从而在根本上避免了侦查走冤枉路和杜绝了冤假错案的发生。

经过一段时间，此案经重新侦查终被破获，真正犯罪人落网，充分证实我们排除三人与案件有关联的测试结论的正确。

九、心理测试对侦查审讯的价值

2003 年 12 月 6 日，河北省文安县公安局接群众报案，文安县城北麻各庄村水坑内发现一具无头尸体。经现场走访调查，发现其与麻各庄村民李某来的体貌特征、衣着情况及特殊标记相符，认定死者是已离家外出一个月的李某来。经进一步调查，摸排出与李某来有矛盾的几个嫌疑人，但因案发时间较长、未找到第一现场，无法对重点嫌疑人进行认定或排除。于是，文安县公安局领导想到心理测试技术。12 月 15 日，我和武老师应邀到文安县对该案做心理测试。

通过了解案情，得知李某来原籍文安县麻各庄村，从小在天津长大，因犯罪在监服刑 20 年，于 2002 年回到麻各庄村。李某来回到原籍，为恶村里，无人敢惹，民愤极大。通过调查访问，重点嫌疑人有五人，一是李某来到原籍后结识的女人高某。两人自 8 月份处对象，不久即在李家同居，近日买好家具等物品准备结婚，可高某不愿意，二人关系恶化，矛盾突出。二是李某来同村表侄赵某。李某来在天津居住、服刑期间，赵某未经李某来同意，在李某来宅基地上建房居住，李某来回到原籍后，以四万元低价强行将房子买下，使赵某蒙受经济损失，导致赵某妻子与赵某离婚。三是李某来表哥赵某龙，曾与李某来发生矛盾，李某来用刀将赵某龙头部砍伤，缝合 16 针，此事一直未解决，赵某龙哥俩扬言要报复。四是李某来的朋友王某玉，王某玉曾借钱给李某来，又是李某来与高某的媒人。据王某玉讲，10 月 26 日晚，李某来与高某在王某玉家中吵架，27 日晚，李某来又曾到王某玉家，说是要出远门。王某玉是最后见到李某来的人。

当晚在宾馆房间，等参加案情讨论的侦查员离开后，武老师习惯性地手拿记录本，坐在床边、身子半靠在床头上，开始编拟测试题目。我早已把笔记本电脑打开，在桌前坐好，等武老师口述由我打字记录，这是我和武老师经常配合的一种默契方式。武老师边翻看边思索，同时在口述题目，“河北省文安县城关“2003 · 12 · 06”杀人抛尸案心理测试题目，总第 810 号，2003 第 108 号”，我在桌子前，集中精力听，用尽量快的速度，把武老师口述题打出来，偶尔我们还会讨论词语用法，尽量以适应当地方言而让被测人能听懂。

第二天一早，我把研拟的题目电子档交给侦查员，要他们打印出几份备用。同时，我布置好了心理测试环境。当被测人全部就位，我们也准备好了，测试正式开始。经过检测，很快就排除了高某及赵家人的涉案嫌疑。王某玉虽然年龄偏大、体能较差，但他在测试中对几个涉案目标题均有心理反应，因此倾向认定王某玉涉案。

当侦查员将王某玉带出房间时，武老师对走在后面的侦查员一使眼色，侦查员立刻心领神会，马上把王某玉带到另外房间看守起来，其他侦查员赶到武老师面前来听分析研判。武老师说，其他几人肯定排除，但这个王某玉涉案了，建议你们抓紧时间把他带回警队讯问。但在讯问时，千万别给他增加压力逼迫他，这样容易形成僵局。一定要对他抚慰减压，我们题目有几道现时心态题，如“李某来出事前是很气人吗？”“作案人后来是很后悔吗？”“作案人现在是想主动说清楚吗？”这些现时心态题，王某玉都有反应，说明被害人在案中有过错，他现有悔罪意识，讯问要从他角度考虑，给他出路，告诉他不是杀了人就是死罪，特殊原因也可以从轻判决。还有，就是要找两个相对老成的侦查员讯问，使他心里有信任感。同时，在生活上要照顾他，满足他的正常需求，使他感受到温暖……

17 日一早，我在宾馆房间醒来，听到隔壁武老师房间有人朗声大笑。我穿衣服过去，看见办案人和武老师坐在椅子上，脸上都洋溢着笑容。武老师说："就是嘛，这就对了，这样就给侦查员减少工作量了"。办案人忍不住又一次介绍了审讯过程，"我只是进屋递给他一支烟，和他坐在一块儿说，咱老哥儿俩唠唠嗑吧，不出半个小时，王某玉全交代了，还说把人头割下来扔到水坑里了。"后来，侦查员在水坑内经过多次打捞，找到了被害人李某来的头颅，为该案顺利诉讼提供了铁证。同时，涉案人王某玉在看守所羁押时一直表现很好，不仅没有翻供，还多次逢人就夸办案人很客气。

十、必须警惕个体身心差异

随着时间的推移，我运用心理测试技术办案的数量逐年增多。我对运用心理测试技术办案的体会，一是感觉这项技术实在是太累人，常常使人感到身心疲惫、万分煎熬。有时一起案件中涉及十几、甚至二十几个被测人，我们就会连续工作十来个小时，身体在狭小的环境里渐渐拘谨僵直不适不说，同样的环境、同样的过程，再复杂的工作都变得索然无味，都变得机械麻木，有时大脑几乎成了一片空白状态，甚至在测试中我会突发奇想，这哪里是在给被测试者进行测试，简直是在给主测人进行测试，这是在测试主测人身心的最大耐受力。二是在收获破案喜悦的同时，我也越来越为心理测试技术在基层的应用办案感到忧心。正如武老师所说，每一起案件办理过程，为保证每一个被测人的心测结论准确无误，主测人时刻都得有战战兢兢、如履薄冰的感觉。因为就心理测试技术而言，准确率虽然很高，但不是百分之百，哪怕极小的失误，对个案都是致命的百分之百。这对一起案件的侦破和一个地区对心理测试技术的认同都是非常关键的。

我认为，影响心理测试准确性的因素有很多，从大的方面讲有以下几个：一是心测员素质，主要是人的心理学等多学科知识积累，实际办案经验和对测试过程的整体把控等；二是仪器操作技能和心测方法选择、测试题目拟制、测试指标辨识等；三是实测环境调控，包括温度、湿度、光线、色调、静音等；四是被测人个体状况，包括他的生理、心理、智力、精神方面正常与否，有无饥饿、寒冷、发热、疼痛等症状，有无疾病、吃药、醉酒、吸毒、女性经期等其他情况。这其中每一种状况，都会影响被测人的测试状态，都会影响主测人心理测试过程和评判结果。

最令我感到难于把握的，是个体差异的问题，即被测人的差异。这也是我和顾红梅在多次办案中不断总结、反复探讨的一个问题。每一个被测人，在旁人看来都一样，都是正常的自然人，可在心理测试过程中，要区分的差异会有很多，包括被测试人的性别、年龄、文化水平、成长环境、经历、性格特征、气质类型、心理素质、体型、听力、表达能力、皮肤干湿度等，还有其对特殊事件、事物的偏好等，都可能在测试中影响图谱的不同变化，进而影响主测人的评判。而隐藏在被测人内部的诸多差异，要求主测人在与被测人见面后的测前心理访谈中，通过细致的观察、言语的交流来尽量感知，在测试中要尽量区分，在测试中进行准确把握，进而形成科学准确的评判。这也是现阶段不能推行曾被人倡导的“远程测试”的根本原因。

2004年10月一天凌晨3时许，霸州市王庄子乡靳家堡村女孩樊某骑自行车到村内工厂上班时失踪。后来，家人在上班途径的十字路口，发现了带血套袖及地面血迹。接报案后，经大范围搜索，在村南河沟打捞出樊某尸体及所骑自行车。由于尸体和自行车被水浸泡，没提取到有价值痕迹物证。村内的走访摸排，侦查员发现村内现场北侧不远处居住的梁某礼在应对调查时神色慌张，遂把他带回单位讯问。在讯问中，梁某礼先交代买六合彩赌博行为，后经审讯，其断断续续交代了杀害樊某的犯罪行为。但是作案细节和现场多有不符之处。梁某礼被刑事拘留后，对其杀害樊某的犯罪行为时供时翻。由于没有找到新的证据，案件一时搁浅了。

我接到这起案件测试任务后，按常规程序对梁某礼在单位心理测试室进行了测试。见面后，我发现梁某礼三十岁左右，个子不高，身体粗壮，肌肉发达，是农村里经常干活的人，面部充实圆润，眼睛有神，是一个偏外向性格的人。在我询问梁某礼与这起案件的关系时，他说不是他所为，他的口供是被“上手段”无奈交代的。在测试中，我发现梁某礼的皮肤电指标不能稳定在一个正常的波动区间，而是处于不断下滑状态，对言语刺激也没有任何反映，是我从来没有见过的一个特殊情况。我向单位领导汇报后，再次邀请顾红梅到霸州来共同对梁某礼进行测试。

第二天上午，在梁某礼休息了一夜后，我和顾红梅在霸州昆仑大酒店的房间里对梁某礼展开测试。在测试前，顾红梅特意在给梁某礼佩戴测试仪器指标传感器时，与梁某礼握了握手，感知了他的手温及发汗程度，感觉正常，可是在测试中的皮肤电指标还是处于下滑、无反应状态。顾红梅见此情况马上中止了测试，安排梁某礼在房间卫生间里用热水洗头、泡手，甚至又用热水洗澡，洗得梁某礼的面部潮红，额上冒汗，但在测试中梁某礼的皮肤电指标依然没有反应。最后，顾红梅就这种情况和单位领导进行了沟通，对心理测试技术在梁某礼的这种特殊体质中的无能为力表达了遗憾。最终，此案按照依法疑罪从无原则将梁某礼释放。

结　语

2018 年 11 月，中国科幻小说作家、《三体》一书作者刘慈欣，荣获克拉克想象力服务社会奖。在美国纽约的颁奖仪式上，刘慈欣讲到随着科技高速发展，人们离迈进太空越来越近。但在另一方面，人们又越来越沉溺于物质丰富、信息发达的地球安乐窝中享乐。他提醒人们要始终保持积极探索、勇于进取的精神，使人类的脚步在宇宙中走得更远。可以说，在人类的终极探索中，除了无垠的太空，就是人类的大脑。对太空的探索，是我们对外物的探索，对人脑的探索，是我们对自身的探索。一个宏观，一个微观，看似不相及，但是目前谁也不能妄自断定，天体间的关系和人脑细胞间的关系没有相似度，对二者研究的最终结果，也许有着惊人的相似甚至一致。

中国心理测试技术，现阶段就处在这样一个最好的时代。在信息技术、人工智能、生命科学迅猛发展的基础上，通过累积实验资料、开发新的路径，大力开展对人自身的探求，相信我们对自身的认识在较短的时间内会有质的突破。在这个探索过程中，我愿作一个倡导者、鼓励者、推动者、见证者，并期待这一天尽快到来。

此文于 2019 年 3 月 20 日完稿

我亲历的中国心理测试技术起步史侧记

济南铁路公安局　黄志强

1991 年，我任济南铁路公安局刑警支队长时，在对涉案嫌疑人审查过程中，刑讯逼供现象较普遍。有人将刑讯技巧当成笑谈传播效仿。我也曾审案时气愤得挥手出击，却被嫌疑人躲过，手掌重重打在橱柜上。疼痛之余，迫我思索解决之道。

1994 年的一天，《人民日报》登出中国第一台心理测试仪研制成功的消息，我立刻找到时任公安局长王家祯，政工干部出身的他也看到了这个消息，立马同意购买四台，配备局处两级刑侦部门。于是，就有了当年在连云港市举办的全局第一期二十多人参加的培训班。有了多起案件使用中可喜的收获。PGA 系列心理测试仪硬件主研人张祖丰讲课领带办案功不可没。济南铁路公安局成为全国铁路政法系统第一个普及使用这项技术的基层作战单位。之后，中国心理测试技术转战全路、全省、全国，战绩辉煌。

开展心测之初，我对苏剑君说：我们只是中国心理测试技术早期一线实践者，心理测试仪加上心理学、犯罪学专家，才是中国心理测试技术成熟之道。这些话，颇似现在人们说的“互联网 +”吧！直截了当说：中国心测技术之道应该是心无旁骛潜心研究心测仪硬软件科学家，再加上理论扎实深厚的应用办案创新团队。

在中美心测技术研讨会上，美国心测协会主席等重磅人士来华。这些人常用美国仪器，但他们对中国张祖丰、关世伟研制心测仪的实用和可靠性给予充分肯定。中国心理学家武伯欣，深植中国人群心理基础和实践测试经历，赢得美方同行尊重与敬佩！会后不久，美方发来访美交流邀请，但因种种原因未成行。担任翻译的是中国留英警察学硕士王大伟。后来相见，大伟老师还谈到国外译文的信达雅。受此启发，我会同局公安学校组织翻译欧美铁路警察网上资料，受益匪浅。

我因有要案在身，派出苏剑君等五人参会。会后，我主持拟写中美心测技术研讨会议纪要，发表在《现代世界警察》杂志上。依据刑法、刑诉法、刑事侦查规定，我还主持编写了心理测试技术工作规程。就人员资质、适用案件范围、案件审批权限、法律文书格式、测试结果使用等进行规范。

假如把中国心理测试团队看成一个上市公司，中国心理测试技术团队，则有着一条蜿蜒且十分吊诡的股票曲线。

当武伯欣教授身体健康、纵横活跃时，曲线上扬好看，否则，马上就绿色满屏。目前，支撑这支股票的，是分布在全国各地的心测团队成员，是常青山、苏剑君等具有先驱性的骨干，是至今奔波在一线的业务精、心底清的丁同春主任，更有如大师风采附体的中国人民公安大学犯罪学学院院长任士英。对于这样一支绩优股，我们仍然充满信心。

记不清有多少次，武伯欣教授到济南铁路公安局指导办案。最后一次 2013 年夏，离岗待休的我，与武教授察看济南铁路破坏案环境。列车飞驰、轨道细长、障碍物致命、三个绵延数十公里、侥幸无车翻人亡的犯罪现场。炎热潮湿的天气，只有步行才能到达案发位置。武教授拄着拐杖，慢慢走、细细看、轻轻问。这时的武伯欣，已成为一个中西医结合的全科大师，把切案件脉络、梳理复杂案情、开列着破案药方。扎实的犯罪心理学、侦查学理论与实践，为三百多名侦查员提供了强大助力。之后，案破人获，列车平安！

中国心理测试技术与其他刑事技术有啥区别？我入警即从事刑技痕迹检验工作，后来接触心测。心理测试，注重发案环境与犯罪人的动态关联，以及由此产生的心理关联性逻辑分析判断。心理测试技术人，除了要熟练掌握仪器外，更应具备对案情宏观、中观的把握，还要有侦查指挥员思维与大局观。由此看来，对中国心测技术人员知识技能和破案能力标准，应当要求更高一些。

我主管济南铁路公安局刑侦工作十余年，带领队伍荣立集体一等功四次。我和属下获得英模奖，一、二等奖章多枚。这其中，心理测试技术几乎参与了济南铁路局所有危及列车运行安全重大案件的侦破，还全力支持了南达广州深圳，北至哈尔滨齐齐哈尔等全国铁路线上大要案的侦查，实在是功不可没。

作为中国人民公安大学心理测试中心济南铁路公安局犯罪心测技术分中心，受益总中心培养支持，充分体现中国心理测试技术的优势，也由此造就了一批批公安科技英才。

谨以此文，为中国心理测试技术起步和发展鼓与呼！

此文完稿于 2019 年 5 月 2 日

心理测试技术必读书单

1. 杨清:《现代西方心理学主要派别》，辽宁人民出版社 1980 年版

2. 李世棣等:《犯罪心理学》，中国人民公安大学出版社 1986 年版

3. 武伯欣等:《变态心理与犯罪》，中国人民公安大学出版社 1987 年版

4. 高汉生主编:《犯罪心理学》，南京大学出版社 1993 年版

5. 李世棣主编:《普通心理学》，中国人民公安大学出版社 1996 年版

6. 武伯欣、张泽民:《心证》，群众出版社 2003 年版

7. 武伯欣主编:《中国心理测试技术实践与理论》，中国人民公安大学出版社 2010 版

8. 武伯欣主编:《心理 · 内宇宙》，中国人民公安大学出版社 2011 年版

9. 武伯欣主编:《镜鉴:“测谎”与错案》，香港中国书库出版社 2015 年版

10. 刘双林、王梦琦、张亮、蔡雷:《中国心理测试技术——认知综合测试法图谱》，2015 年内部版

11. 武伯欣:《心理检测技术概论》，中国人民公安大学出版社 2017 年版

12. 武伯欣主编:《心理病 · 案》，中国人民公安大学出版社 2018 年版

13. 邵志芳、高旭辰:《社会认知》，上海人民出版社 2009 年版

14. 武伯欣:《犯罪心理测试技术实践与理论》，上海公安研究，1997 年第 1 期

15. 中央电视台新闻调查:《"测谎仪" 解谜》录像，2002 年 12 月

16. 江西电视台:《深度观察》《别对我说谎》录像，2013 年 3 月

致中国心测技术后学者

1992 年，我们用公安部审定心理测试仪，模仿美国“准绳测谎法”测案。“测谎”三年，“错案”教训深刻。我们及时顿悟了“有道无术，术可求；有术无道，止于术”。我们自 1995 年起摒弃国外“测谎”那一套，立足国情研制 PGA 系列、CPS 系列心理测试仪，根植华语民情研创犯罪心理痕迹分析理论、检测心理痕迹理论（PMD）和认知综合检测法（CCT）等。

中国的心理测试技术已经站在世界各国前列。中国心测人若想继续生存，必须摒弃国外“准绳测谎”那一套，重塑心理科学知识技能。你可以不把自己当回事，但必须敬畏心灵，把检测人作为天大的事。中国心测人若想有所发展，必须遵纪守法，接受正规、专业、科学培养和训练。你可以有自我认知偏差，但必须无条件接受中国国家认证，接受中国国家考核。

值此新中国 70 周年华诞，中国心理测试技术已走过了 56 年。作为中国心理测试技术起步亲历者，愿赠言后学者：唯有真才实学才能干心理测试，否则会让人贻笑大方。作为中国心理测试技术起步见证者，愿赠言后学者：中国心理测试技术教学、科研和应用办案水平，不可以原地踏步，更不可人为倒退！

《中国心理测试技术大事记》编写组

2019 年 10 月 1 日